DUITSE WOORDENSCHAT
nieuwe woorden leren

T&P Books woordenlijsten zijn bedoeld om u te helpen vreemde woorden te leren, te onthouden, en te bestuderen. De woordenschat bevat meer dan 3000 veel gebruikte woorden die thematisch geordend zijn.

- De woordenlijst bevat de meest gebruikte woorden
- Aanbevolen als aanvulling bij welke taalcursus dan ook
- Voldoet aan de behoeften van de beginnende en gevorderde student in vreemde talen
- Geschikt voor dagelijks gebruik, bestudering en zelftestactiviteiten
- Maakt het mogelijk om uw woordenschat te evalueren

Bijzondere kenmerken van de woordenschat

- De woorden zijn gerangschikt naar hun betekenis, niet volgens alfabet
- De woorden worden weergegeven in drie kolommen om bestudering en zelftesten te vergemakkelijken
- Woorden in groepen worden verdeeld in kleine blokken om het leerproces te vergemakkelijken
- De woordenschat biedt een handige en eenvoudige beschrijving van elk buitenlands woord

De woordenschat bevat 101 onderwerpen zoals:

Basisconcepten, getallen, kleuren, maanden, seizoenen, meeteenheden, kleding en accessoires, eten & voeding, restaurant, familieleden, verwanten, karakter, gevoelens, emoties, ziekten, stad, dorp, bezienswaardigheden, winkelen, geld, huis, thuis, kantoor, werken op kantoor, import & export, marketing, werk zoeken, sport, onderwijs, computer, internet, gereedschap, natuur, landen, nationaliteiten en meer ...

INHOUDSOPGAVE

Uitspraakgids	8
Afkortingen	10

BASISBEGRIPPEN 12

1. Voornaamwoorden 12
2. Begroetingen. Begroetingen 12
3. Vragen 13
4. Voorzetsels 13
5. Functiewoorden. Bijwoorden. Deel 1 14
6. Functiewoorden. Bijwoorden. Deel 2 16

GETALLEN. DIVERSEN 17

7. Kardinale getallen. Deel 1 17
8. Kardinale getallen. Deel 2 18
9. Ordinale getallen 18

KLEUREN. MEETEENHEDEN 19

10. Kleuren 19
11. Meeteenheden 19
12. Containers 20

BELANGRIJKSTE WERKWOORDEN 22

13. De belangrijkste werkwoorden. Deel 1 22
14. De belangrijkste werkwoorden. Deel 2 23
15. De belangrijkste werkwoorden. Deel 3 23
16. De belangrijkste werkwoorden. Deel 4 24

TIJD. KALENDER 26

17. Dagen van de week 26
18. Uren. Dag en nacht 26
19. Maanden. Seizoenen 27

REIZEN. HOTEL — 30

20. Trip. Reizen — 30
21. Hotel — 30
22. Bezienswaardigheden — 31

VERVOER — 33

23. Vliegveld — 33
24. Vliegtuig — 34
25. Trein — 34
26. Schip — 36

STAD — 38

27. Stedelijk vervoer — 38
28. Stad. Het leven in de stad — 39
29. Stedelijke instellingen — 40
30. Borden — 41
31. Winkelen — 42

KLEDING EN ACCESSOIRES — 44

32. Bovenkleding. Jassen — 44
33. Heren & dames kleding — 44
34. Kleding. Ondergoed — 45
35. Hoofddeksels — 45
36. Schoeisel — 45
37. Persoonlijke accessoires — 46
38. Kleding. Diversen — 46
39. Persoonlijke verzorging. Schoonheidsmiddelen — 47
40. Horloges. Klokken — 48

ALLEDAAGSE ERVARING — 49

41. Geld — 49
42. Post. Postkantoor — 50
43. Bankieren — 50
44. Telefoon. Telefoongesprek — 51
45. Mobiele telefoon — 52
46. Schrijfbehoeften — 52
47. Vreemde talen — 53

MAALTIJDEN. RESTAURANT — 55

48. Tafelschikking — 55
49. Restaurant — 55
50. Maaltijden — 55
51. Bereide gerechten — 56
52. Voedsel — 57

53. Drankjes	59
54. Groenten	60
55. Vruchten. Noten	61
56. Brood. Snoep	61
57. Kruiden	62

PERSOONLIJKE INFORMATIE. FAMILIE 63

58. Persoonlijke informatie. Formulieren	63
59. Familieleden. Verwanten	63
60. Vrienden. Collega's	64

MENSELIJK LICHAAM. GENEESKUNDE 66

61. Hoofd	66
62. Menselijk lichaam	67
63. Ziekten	67
64. Symptomen. Behandelingen. Deel 1	69
65. Symptomen. Behandelingen. Deel 2	70
66. Symptomen. Behandelingen. Deel 3	71
67. Geneeskunde. Medicijnen. Accessoires	71

APPARTEMENT 73

68. Appartement	73
69. Meubels. Interieur	73
70. Beddengoed	74
71. Keuken	74
72. Badkamer	75
73. Huishoudelijke apparaten	76

DE AARDE. WEER 77

74. De kosmische ruimte	77
75. De Aarde	78
76. Windrichtingen	79
77. Zee. Oceaan	79
78. Namen van zeeën en oceanen	80
79. Bergen	81
80. Bergen namen	82
81. Rivieren	82
82. Namen van rivieren	83
83. Bos	83
84. Natuurlijke hulpbronnen	84
85. Weer	85
86. Zwaar weer. Natuurrampen	86

FAUNA 88

87. Zoogdieren. Roofdieren	88
88. Wilde dieren	88

89. Huisdieren	89
90. Vogels	90
91. Vis. Zeedieren	92
92. Amfibieën. Reptielen	92
93. Insecten	93

FLORA 94

94. Bomen	94
95. Heesters	94
96. Vruchten. Bessen	95
97. Bloemen. Planten	96
98. Granen, graankorrels	97

LANDEN VAN DE WERELD 98

99. Landen. Deel 1	98
100. Landen. Deel 2	99
101. Landen. Deel 3	99

UITSPRAAKGIDS

T&P fonetisch alfabet	Duits voorbeeld	Nederlands voorbeeld

Klinkers

[a]	Blatt	acht
[ɐ]	Meister	hart
[e]	Melodie	delen, spreken
[ɛ]	Herbst	elf, zwembad
[ə]	Leuchte	formule, wachten
[ɔ]	Knopf	aankomst, bot
[o]	Operette	overeenkomst
[œ]	Förster	Duits - 'Hölle'
[ø]	nötig	neus, beu
[æ]	Los Angeles	Nederlands Nedersaksisch - dät, Engels - cat
[i]	Spiel	bidden, tint
[ɪ]	Absicht	iemand, die
[ʊ]	Skulptur	hoed, doe
[u]	Student	hoed, doe
[y]	Pyramide	fuut, uur
[ʏ]	Eukalyptus	fuut, uur

Medeklinkers

[b]	Bibel	hebben
[d]	Dorf	Dank u, honderd
[f]	Elefant	feestdag, informeren
[ʒ]	Ingenieur	journalist, rouge
[dʒ]	Jeans	jeans, jungle
[j]	Interview	New York, januari
[g]	August	goal, tango
[h]	Haare	het, herhalen
[ç]	glücklich	wiegje
[x]	Kochtopf	licht, school
[k]	Kaiser	kennen, kleur
[l]	Verlag	delen, luchter
[m]	Messer	morgen, etmaal
[n]	Norden	nemen, zonder
[ŋ]	Onkel	optelling, jongeman

T&P fonetisch alfabet	Duits voorbeeld	Nederlands voorbeeld
[p]	Gespräch	parallel, koper
[r]	Force majeure	roepen, breken
[ʁ]	Kirche	gutturale R
[R]	fragen	rara
[s]	Fenster	spreken, kosten
[t]	Foto	tomaat, taart
[ts]	Gesetz	niets, plaats
[ʃ]	Anschlag	shampoo, machine
[tʃ]	Deutsche	Tsjechië, cello
[w]	Sweater	twee, willen
[v]	Antwort	beloven, schrijven
[z]	langsam	zeven, zesde

Tweeklanken

[aɪ]	Speicher	byte, majoor
[ɪa]	Miniatur	signaal, Spanjaard
[ɪo]	Radio	New York, jongen
[jo]	Illustration	New York, jongen
[ɔɪ]	feucht	Hanoi, cowboy
[ɪe]	Karriere	project, yen

Aanvullende symbolen

[']	['aːbɐ]	hoofdklemtoon
[ˌ]	['dɛŋkˌmaːl]	bijklemtoon
[ʔ]	[oˈliːvənˌʔøːl]	glottisslag
[ː]	['myːlə]	lange klinker
[·]	['ʀaɪzə·byˌʀoː]	hoge punt

AFKORTINGEN
gebruikt in de woordenschat

Nederlandse afkortingen

abn	-	als bijvoeglijk naamwoord
bijv.	-	bijvoorbeeld
bn	-	bijvoeglijk naamwoord
bw	-	bijwoord
enk.	-	enkelvoud
enz.	-	enzovoort
form.	-	formele taal
inform.	-	informele taal
mann.	-	mannelijk
mil.	-	militair
mv.	-	meervoud
on.ww.	-	onovergankelijk werkwoord
ontelb.	-	ontelbaar
ov.	-	over
ov.ww.	-	overgankelijk werkwoord
telb.	-	telbaar
vn	-	voornaamwoord
vrouw.	-	vrouwelijk
vw	-	voegwoord
vz	-	voorzetsel
wisk.	-	wiskunde
ww	-	werkwoord

Nederlandse artikelen

de	-	gemeenschappelijk geslacht
de/het	-	gemeenschappelijk geslacht, onzijdig
het	-	onzijdig

Duitse afkortingen

f	-	vrouwelijk zelfstandig naamwoord
f pl	-	vrouwelijk meervoud
f, n	-	vrouwelijk, onzijdig
m	-	mannelijk zelfstandig naamwoord
m pl	-	mannelijk meervoud

m, f	-	mannelijk, vrouwelijk
m, n	-	mannelijk, onzijdig
n	-	onzijdig
n pl	-	onzijdig meervoud
pl	-	meervoud
v mod	-	modaal werkwoord
vi	-	onovergankelijk werkwoord
vi, vt	-	onovergankelijk, overgankelijk werkwoord
vt	-	overgankelijk werkwoord

BASISBEGRIPPEN

1. Voornaamwoorden

ik	ich	[ɪç]
jij, je	du	[du:]
hij	er	[e:ɐ]
zij, ze	sie	[zi:]
het	es	[ɛs]
wij, we	wir	[vi:ɐ]
jullie	ihr	[i:ɐ]
U (form., enk.)	Sie	[zi:]
U (form., mv.)	Sie	[zi:]
zij, ze	sie	[zi:]

2. Begroetingen. Begroetingen

Hallo! Dag!	Hallo!	[ha'lo:]
Hallo!	Hallo!	[ha'lo:]
Goedemorgen!	Guten Morgen!	['gu:tən 'mɔʁgən]
Goedemiddag!	Guten Tag!	['gu:tən 'ta:k]
Goedenavond!	Guten Abend!	['gu:tən 'a:bənt]
gedag zeggen (groeten)	grüßen (vi, vt)	['gʀy:sən]
Hoi!	Hallo!	[ha'lo:]
groeten (het)	Gruß (m)	[gʀu:s]
verwelkomen (ww)	begrüßen (vt)	[bə'gʀy:sən]
Hoe gaat het?	Wie geht's?	[ˌvi: 'ge:ts]
Is er nog nieuws?	Was gibt es Neues?	[vas gi:pt ɛs 'nɔɪəs]
Dag! Tot ziens!	Auf Wiedersehen!	[auf 'vi:dɐˌze:ən]
Tot snel! Tot ziens!	Bis bald!	[bɪs balt]
Vaarwel! (inform.)	Lebe wohl!	['le:bə vo:l]
Vaarwel! (form.)	Leben Sie wohl!	['le:bən zi: vo:l]
afscheid nemen (ww)	sich verabschieden	[zɪç fɛɐ'apˌʃi:dən]
Tot kijk!	Tschüs!	[tʃy:s]
Dank u!	Danke!	['daŋkə]
Dank u wel!	Dankeschön!	['daŋkəʃø:n]
Graag gedaan	Bitte!	['bɪtə]
Geen dank!	Keine Ursache!	['kaɪnə 'u:ɐˌzaxə]
Geen moeite.	Nichts zu danken!	[nɪçts tsu 'daŋkən]
Excuseer me, ... (inform.)	Entschuldige!	[ɛnt'ʃʊldɪgə]
Excuseer me, ... (form.)	Entschuldigung!	[ɛnt'ʃʊldɪgʊŋ]
excuseren (verontschuldigen)	entschuldigen (vt)	[ɛnt'ʃʊldɪgən]

zich verontschuldigen	sich entschuldigen	[zɪç ɛnt'ʃʊldɪgən]
Mijn excuses.	Verzeihung!	[fɛɐ'tsaɪʊn]
Het spijt me!	Entschuldigung!	[ɛnt'ʃʊldɪgʊn]
vergeven (ww)	verzeihen (vt)	[fɛɐ'tsaɪən]
Maakt niet uit!	Das macht nichts!	[das maxt nɪçts]
alsjeblieft	bitte	['bɪtə]
Vergeet het niet!	Nicht vergessen!	[nɪçt fɛɐ'gɛsən]
Natuurlijk!	Natürlich!	[na'ty:ɐlɪç]
Natuurlijk niet!	Natürlich nicht!	[na'ty:ɐlɪç 'nɪçt]
Akkoord!	Gut! Okay!	[gu:t], [o'ke:]
Zo is het genoeg!	Es ist genug!	[ɛs ist gə'nu:k]

3. Vragen

Wie?	Wer?	[ve:ɐ]
Wat?	Was?	[vas]
Waar?	Wo?	[vo:]
Waarheen?	Wohin?	[vo'hɪn]
Waarvandaan?	Woher?	[vo'he:ɐ]
Wanneer?	Wann?	[van]
Waarom?	Wozu?	[vo'tsu:]
Waarom?	Warum?	[va'ʀʊm]
Waarvoor dan ook?	Wofür?	[vo'fy:ɐ]
Hoe?	Wie?	[vi:]
Wat voor …?	Welcher?	['vɛlçɐ]
Welk?	Welcher?	['vɛlçɐ]
Aan wie?	Wem?	[ve:m]
Over wie?	Über wen?	['y:bɐ ve:n]
Waarover?	Wovon?	[vo:'fɔn]
Met wie?	Mit wem?	[mɪt ve:m]
Hoeveel? (telb.)	Wie viele?	[vi: 'fi:lə]
Hoeveel? (ontelb.)	Wie viel?	['vi: fi:l]
Van wie? (mann.)	Wessen?	['vɛsən]

4. Voorzetsels

met (bijv. ~ beleg)	mit	[mɪt]
zonder (~ accent)	ohne	['o:nə]
naar (in de richting van)	nach	[na:x]
over (praten ~)	über	['y:bɐ]
voor (in tijd)	vor	[fo:ɐ]
voor (aan de voorkant)	vor	[fo:ɐ]
onder (lager dan)	unter	['ʊntɐ]
boven (hoger dan)	über	['y:bɐ]
op (bovenop)	auf	[aʊf]
van (uit, afkomstig van)	aus	['aʊs]
van (gemaakt van)	aus, von	['aʊs], [fɔn]

| over (bijv. ~ een uur) | in | [ɪn] |
| over (over de bovenkant) | über | ['y:bɐ] |

5. Functiewoorden. Bijwoorden. Deel 1

Waar?	Wo?	[voː]
hier (bw)	hier	[hiːɐ]
daar (bw)	dort	[dɔʁt]

| ergens (bw) | irgendwo | ['ɪʁgənt'voː] |
| nergens (bw) | nirgends | ['nɪʁgənts] |

| bij ... (in de buurt) | an | [an] |
| bij het raam | am Fenster | [am 'fɛnstɐ] |

Waarheen?	Wohin?	[vo'hɪn]
hierheen (bw)	hierher	['hiːɐ'heːɐ]
daarheen (bw)	dahin	[da'hɪn]
hiervandaan (bw)	von hier	[fɔn hiːɐ]
daarvandaan (bw)	von da	[fɔn daː]

| dichtbij (bw) | nah | [naː] |
| ver (bw) | weit | [vaɪt] |

in de buurt (van ...)	in der Nähe von ...	[ɪn deːɐ 'nɛːɐ fɔn]
dichtbij (bw)	in der Nähe	[ɪn deːɐ 'nɛːɐ]
niet ver (bw)	unweit	['ʊnvaɪt]

linker (bn)	link	[lɪŋk]
links (bw)	links	[lɪŋks]
linksaf, naar links (bw)	nach links	[naːχ lɪŋks]

rechter (bn)	recht	[ʁɛçt]
rechts (bw)	rechts	[ʁɛçts]
rechtsaf, naar rechts (bw)	nach rechts	[naːχ ʁɛçts]

vooraan (bw)	vorne	['fɔʁnə]
voorste (bn)	Vorder-	['fɔʁdɐ]
vooruit (bw)	vorwärts	['foːɐvɛʁts]

achter (bw)	hinten	['hɪntən]
van achteren (bw)	von hinten	[fɔn 'hɪntən]
achteruit (naar achteren)	rückwärts	['ʁʏk‚vɛʁts]

| midden (het) | Mitte (f) | ['mɪtə] |
| in het midden (bw) | in der Mitte | [ɪn deːɐ 'mɪtə] |

opzij (bw)	seitlich	['zaɪtlɪç]
overal (bw)	überall	[yːbɐ'ʔal]
omheen (bw)	ringsherum	[‚ʁɪŋshɛ'ʁʊm]

binnenuit (bw)	von innen	[fɔn 'ɪnən]
naar ergens (bw)	irgendwohin	['ɪʁgənt·vo'hɪn]
rechtdoor (bw)	geradeaus	[gəʁaːdə'ʔaʊs]

terug (bijv. ~ komen)	zurück	[tsuˈʀʏk]
ergens vandaan (bw)	irgendwoher	[ˈɪʀɡənt·voˈheːɐ]
ergens vandaan (en dit geld moet ~ komen)	von irgendwo	[fɔn ˌɪʀɡəntˈvoː]
ten eerste (bw)	erstens	[ˈeːɐstəns]
ten tweede (bw)	zweitens	[ˈtsvaɪtəns]
ten derde (bw)	drittens	[ˈdʀɪtəns]
plotseling (bw)	plötzlich	[ˈplœtslɪç]
in het begin (bw)	zuerst	[tsuˈʔeːɛst]
voor de eerste keer (bw)	zum ersten Mal	[tsʊm ˈeːɛstən ˈmaːl]
lang voor … (bw)	lange vor …	[ˈlaŋə foːɐ]
opnieuw (bw)	von Anfang an	[fɔn ˈanˌfaŋ an]
voor eeuwig (bw)	für immer	[fyːɐ ˈɪmɐ]
nooit (bw)	nie	[niː]
weer (bw)	wieder	[ˈviːdɐ]
nu (bw)	jetzt	[jɛtst]
vaak (bw)	oft	[ɔft]
toen (bw)	damals	[ˈdaːmaːls]
urgent (bw)	dringend	[ˈdʀɪŋənt]
meestal (bw)	gewöhnlich	[ɡəˈvøːnlɪç]
trouwens, … (tussen haakjes)	übrigens, …	[ˈyːbʀɪɡəns]
mogelijk (bw)	möglicherweise	[ˈmøːklɪçəˈvaɪzə]
waarschijnlijk (bw)	wahrscheinlich	[vaːɐˈʃaɪnlɪç]
misschien (bw)	vielleicht	[fiˈlaɪçt]
trouwens (bw)	außerdem …	[ˈaʊsɐdeːm]
daarom …	deshalb …	[ˈdɛsˈhalp]
in weerwil van …	trotz …	[tʀɔts]
dankzij …	dank …	[daŋk]
wat (vn)	was	[vas]
dat (vw)	das	[das]
iets (vn)	etwas	[ˈɛtvas]
iets	irgendwas	[ˈɪʀɡəntˈvas]
niets (vn)	nichts	[nɪçts]
wie (~ is daar?)	wer	[veːɐ]
iemand (een onbekende)	jemand	[ˈjeːmant]
iemand (een bepaald persoon)	irgendwer	[ˈɪʀɡəntˈveːɐ]
niemand (vn)	niemand	[ˈniːmant]
nergens (bw)	nirgends	[ˈnɪʀɡənts]
niemands (bn)	niemandes	[ˈniːmandəs]
iemands (bn)	jemandes	[ˈjeːmandəs]
zo (Ik ben ~ blij)	so	[zoː]
ook (evenals)	auch	[ˈaʊχ]
alsook (eveneens)	ebenfalls	[ˈeːbənˌfals]

6. Functiewoorden. Bijwoorden. Deel 2

Waarom?	Warum?	[vaˈʀʊm]
om een bepaalde reden	aus irgendeinem Grund	[ˈaʊs ˈɪʀɡəntˀʔaɪnəm ɡʀʊnt]
omdat ...	weil ...	[vaɪl]
voor een bepaald doel	zu irgendeinem Zweck	[tsu ˈɪʀɡəntˀʔaɪnəm tsvɛk]
en (vw)	und	[ʊnt]
of (vw)	oder	[ˈoːdɐ]
maar (vw)	aber	[ˈaːbɐ]
voor (vz)	für	[fyːɐ]
te (~ veel mensen)	zu	[tsuː]
alleen (bw)	nur	[nuːɐ]
precies (bw)	genau	[ɡəˈnaʊ]
ongeveer (~ 10 kg)	etwa	[ˈɛtva]
omstreeks (bw)	ungefähr	[ˈʊŋɡəfɛːɐ]
bij benadering (bn)	ungefähr	[ˈʊŋɡəfɛːɐ]
bijna (bw)	fast	[fast]
rest (de)	Übrige (n)	[ˈyːbʀɪɡə]
de andere (tweede)	der andere	[deːɐ ˈandəʀə]
ander (bn)	andere	[ˈandəʀə]
elk (bn)	jeder (m)	[ˈjeːdɐ]
om het even welk	beliebig	[bɛˈliːbɪç]
veel (grote hoeveelheid)	viel	[fiːl]
veel mensen	viele Menschen	[ˈfiːlə ˈmɛnʃən]
iedereen (alle personen)	alle	[ˈalə]
in ruil voor ...	im Austausch gegen ...	[ɪm ˈaʊsˌtaʊʃ ˈɡeːɡən]
in ruil (bw)	dafür	[daˈfyːɐ]
met de hand (bw)	mit der Hand	[mɪt deːɐ hant]
onwaarschijnlijk (bw)	schwerlich	[ˈʃveːɐlɪç]
waarschijnlijk (bw)	wahrscheinlich	[vaːɐˈʃaɪnlɪç]
met opzet (bw)	absichtlich	[ˈapˌzɪçtlɪç]
toevallig (bw)	zufällig	[ˈtsuːfɛlɪç]
zeer (bw)	sehr	[zeːɐ]
bijvoorbeeld (bw)	zum Beispiel	[tsʊm ˈbaɪˌʃpiːl]
tussen (~ twee steden)	zwischen	[ˈtsvɪʃən]
tussen (te midden van)	unter	[ˈʊntɐ]
zoveel (bw)	so viel	[zoː ˈfiːl]
vooral (bw)	besonders	[bəˈzɔndɐs]

GETALLEN. DIVERSEN

7. Kardinale getallen. Deel 1

nul	null	[nʊl]
een	eins	[aɪns]
twee	zwei	[tsvaɪ]
drie	drei	[dʀaɪ]
vier	vier	[fiːɐ]
vijf	fünf	[fʏnf]
zes	sechs	[zɛks]
zeven	sieben	[ˈziːbən]
acht	acht	[aχt]
negen	neun	[nɔɪn]
tien	zehn	[tseːn]
elf	elf	[ɛlf]
twaalf	zwölf	[tsvœlf]
dertien	dreizehn	[ˈdʀaɪtseːn]
veertien	vierzehn	[ˈfɪʀtseːn]
vijftien	fünfzehn	[ˈfʏnftseːn]
zestien	sechzehn	[ˈzɛçtseːn]
zeventien	siebzehn	[ˈziːptseːn]
achttien	achtzehn	[ˈaχtseːn]
negentien	neunzehn	[ˈnɔɪntseːn]
twintig	zwanzig	[ˈtsvantsɪç]
eenentwintig	einundzwanzig	[ˈaɪn·ʊntˈtsvantsɪç]
tweeëntwintig	zweiundzwanzig	[ˈtsvaɪ·ʊntˈtsvantsɪç]
drieëntwintig	dreiundzwanzig	[ˈdʀaɪ·ʊntˈtsvantsɪç]
dertig	dreißig	[ˈdʀaɪsɪç]
eenendertig	einunddreißig	[ˈaɪn·ʊntˈdʀaɪsɪç]
tweeëndertig	zweiunddreißig	[ˈtsvaɪ·ʊntˈdʀaɪsɪç]
drieëndertig	dreiunddreißig	[ˈdʀaɪ·ʊntˈdʀaɪsɪç]
veertig	vierzig	[ˈfɪʀtsɪç]
eenenveertig	einundvierzig	[ˈaɪn·ʊntˈfɪʀtsɪç]
tweeënveertig	zweiundvierzig	[ˈtsvaɪ·ʊntˈfɪʀtsɪç]
drieënveertig	dreiundvierzig	[ˈdʀaɪ·ʊntˈfɪʀtsɪç]
vijftig	fünfzig	[ˈfʏnftsɪç]
eenenvijftig	einundfünfzig	[ˈaɪn·ʊntˈfʏnftsɪç]
tweeënvijftig	zweiundfünfzig	[ˈtsvaɪ·ʊntˈfʏnftsɪç]
drieënvijftig	dreiundfünfzig	[ˈdʀaɪ·ʊntˈfʏnftsɪç]
zestig	sechzig	[ˈzɛçtsɪç]
eenenzestig	einundsechzig	[ˈaɪn·ʊntˈzɛçtsɪç]

tweeënzestig	zweiundsechzig	['tsvaɪ·ʊnt·'zɛçtsɪç]
drieënzestig	dreiundsechzig	['dʀaɪ·ʊnt·'zɛçtsɪç]
zeventig	siebzig	['ziːptsɪç]
eenenzeventig	einundsiebzig	['aɪn·ʊnt·'ziːptsɪç]
tweeënzeventig	zweiundsiebzig	['tsvaɪ·ʊnt·'ziːptsɪç]
drieënzeventig	dreiundsiebzig	['dʀaɪ·ʊnt·'ziːptsɪç]
tachtig	achtzig	['aχtsɪç]
eenentachtig	einundachtzig	['aɪn·ʊnt·'aχtsɪç]
tweeëntachtig	zweiundachtzig	['tsvaɪ·ʊnt·'aχtsɪç]
drieëntachtig	dreiundachtzig	['dʀaɪ·ʊnt·'aχtsɪç]
negentig	neunzig	['nɔɪntsɪç]
eenennegentig	einundneunzig	['aɪn·ʊnt·'nɔɪntsɪç]
tweeënnegentig	zweiundneunzig	['tsvaɪ·ʊnt·'nɔɪntsɪç]
drieënnegentig	dreiundneunzig	['dʀaɪ·ʊnt·'nɔɪntsɪç]

8. Kardinale getallen. Deel 2

honderd	einhundert	['aɪn‚hʊndɐt]
tweehonderd	zweihundert	['tsvaɪ‚hʊndɐt]
driehonderd	dreihundert	['dʀaɪ‚hʊndɐt]
vierhonderd	vierhundert	['fiːɐ‚hʊndɐt]
vijfhonderd	fünfhundert	['fʏnf‚hʊndɐt]
zeshonderd	sechshundert	[zɛks‚hʊndɐt]
zevenhonderd	siebenhundert	['ziːbən‚hʊndɐt]
achthonderd	achthundert	['aχt‚hʊndɐt]
negenhonderd	neunhundert	['nɔɪn‚hʊndɐt]
duizend	eintausend	['aɪn‚tauzənt]
tweeduizend	zweitausend	['tsvaɪ‚tauzənt]
drieduizend	dreitausend	['dʀaɪ‚tauzənt]
tienduizend	zehntausend	['tsen‚tauzənt]
honderdduizend	hunderttausend	['hʊndɐt‚tauzənt]
miljoen (het)	Million (f)	[mɪ'ljoːn]
miljard (het)	Milliarde (f)	[mɪ'lɪaʀdə]

9. Ordinale getallen

eerste (bn)	der erste	[deːɐ 'ɛʀstə]
tweede (bn)	der zweite	[deːɐ 'tsvaɪtə]
derde (bn)	der dritte	[deːɐ 'dʀɪtə]
vierde (bn)	der vierte	[deːɐ 'fiːɐtə]
vijfde (bn)	der fünfte	[deːɐ 'fʏnftə]
zesde (bn)	der sechste	[deːɐ 'zɛkstə]
zevende (bn)	der siebte	[deːɐ 'ziːptə]
achtste (bn)	der achte	[deːɐ 'aχtə]
negende (bn)	der neunte	[deːɐ 'nɔɪntə]
tiende (bn)	der zehnte	[deːɐ tseːntə]

KLEUREN. MEETEENHEDEN

10. Kleuren

kleur (de)	Farbe (f)	['faʁbə]
tint (de)	Schattierung (f)	[ʃa'tiːʀʊŋ]
kleurnuance (de)	Farbton (m)	['faʁpˌtoːn]
regenboog (de)	Regenbogen (m)	['ʀeːgənˌboːgən]
wit (bn)	weiß	[vaɪs]
zwart (bn)	schwarz	[ʃvaʁts]
grijs (bn)	grau	[gʀaʊ]
groen (bn)	grün	[gʀyːn]
geel (bn)	gelb	[gɛlp]
rood (bn)	rot	[ʀoːt]
blauw (bn)	blau	[blaʊ]
lichtblauw (bn)	hellblau	['hɛlˌblaʊ]
roze (bn)	rosa	['ʀoːza]
oranje (bn)	orange	[o'ʀaŋʃ]
violet (bn)	violett	[vɪo'lɛt]
bruin (bn)	braun	[bʀaʊn]
goud (bn)	golden	['gɔldən]
zilverkleurig (bn)	silbrig	['zɪlbʀɪç]
beige (bn)	beige	[beːʃ]
roomkleurig (bn)	cremefarben	['kʀɛːmˌfaʁbən]
turkoois (bn)	türkis	[tʏʁ'kiːs]
kersrood (bn)	kirschrot	['kɪʁʃʀoːt]
lila (bn)	lila	['liːla]
karmijnrood (bn)	himbeerrot	['hɪmbeːɐˌʀoːt]
licht (bn)	hell	[hɛl]
donker (bn)	dunkel	['dʊŋkəl]
fel (bn)	grell	[gʀɛl]
kleur-, kleurig (bn)	Farb-	['faʁp]
kleuren- (abn)	Farb-	['faʁp]
zwart-wit (bn)	schwarz-weiß	['ʃvaʁtsˌvaɪs]
eenkleurig (bn)	einfarbig	['aɪnˌfaʁbɪç]
veelkleurig (bn)	bunt	[bʊnt]

11. Meeteenheden

gewicht (het)	Gewicht (n)	[gə'vɪçt]
lengte (de)	Länge (f)	['lɛŋə]

breedte (de)	Breite (f)	['bʀaɪtə]
hoogte (de)	Höhe (f)	['hø:ə]
diepte (de)	Tiefe (f)	['ti:fə]
volume (het)	Volumen (n)	[vo'lu:mən]
oppervlakte (de)	Fläche (f)	['flɛçə]
gram (het)	Gramm (n)	[gʀam]
milligram (het)	Milligramm (n)	['mɪli͵gʀam]
kilogram (het)	Kilo (n)	['ki:lo]
ton (duizend kilo)	Tonne (f)	['tɔnə]
pond (het)	Pfund (n)	[pfʊnt]
ons (het)	Unze (f)	['ʊntsə]
meter (de)	Meter (m, n)	['me:tɐ]
millimeter (de)	Millimeter (m)	['mɪli͵me:tɐ]
centimeter (de)	Zentimeter (m, n)	[͵tsɛnti'me:tɐ]
kilometer (de)	Kilometer (m)	[͵kilo'me:tɐ]
mijl (de)	Meile (f)	['maɪlə]
duim (de)	Zoll (m)	[tsɔl]
voet (de)	Fuß (m)	[fu:s]
yard (de)	Yard (n)	[ja:ɐt]
vierkante meter (de)	Quadratmeter (m)	[kva'dʀa:t͵me:tɐ]
hectare (de)	Hektar (n)	['hɛkta:ɐ]
liter (de)	Liter (m, n)	['li:tɐ]
graad (de)	Grad (m)	[gʀa:t]
volt (de)	Volt (n)	[vɔlt]
ampère (de)	Ampere (n)	[am'pe:ɐ]
paardenkracht (de)	Pferdestärke (f)	['pfe:ɐdə͵ʃtɛʁkə]
hoeveelheid (de)	Anzahl (f)	['antsa:l]
een beetje …	etwas …	['ɛtvas]
helft (de)	Hälfte (f)	['hɛlftə]
dozijn (het)	Dutzend (n)	['dʊtsənt]
stuk (het)	Stück (n)	[ʃtʏk]
afmeting (de)	Größe (f)	['gʀø:sə]
schaal (bijv. ~ van 1 op 50)	Maßstab (m)	['ma:s͵ʃta:p]
minimaal (bn)	minimal	[mini'ma:l]
minste (bn)	der kleinste	[de:ɐ 'klaɪnstə]
medium (bn)	mittler, mittel-	['mɪtlɐ], ['mɪtəl]
maximaal (bn)	maximal	[maksi'ma:l]
grootste (bn)	der größte	[de:ɐ 'gʀø:stə]

12. Containers

glazen pot (de)	Glas (n)	[gla:s]
blik (conserven~)	Dose (f)	['do:zə]
emmer (de)	Eimer (m)	['aɪmɐ]
ton (bijv. regenton)	Fass (n), Tonne (f)	[fas], ['tɔnə]
ronde waterbak (de)	Waschschüssel (n)	['vaʃʃʏsəl]

tank (bijv. watertank-70-ltr)	**Tank** (m)	[taŋk]
heupfles (de)	**Flachmann** (m)	['flaxman]
jerrycan (de)	**Kanister** (m)	[ka'nɪstɐ]
tank (bijv. ketelwagen)	**Zisterne** (f)	[tsɪs'tɛʀnə]
beker (de)	**Kaffeebecher** (m)	['kafe͜ˌbɛçɐ]
kopje (het)	**Tasse** (f)	['tasə]
schoteltje (het)	**Untertasse** (f)	['ʊnte͜ˌtasə]
glas (het)	**Wasserglas** (n)	['vase͜ˌglaːs]
wijnglas (het)	**Weinglas** (n)	['vaɪnˌglaːs]
pan (de)	**Kochtopf** (m)	['kɔxˌtɔpf]
fles (de)	**Flasche** (f)	['flaʃə]
flessenhals (de)	**Flaschenhals** (m)	['flaʃənˌhals]
karaf (de)	**Karaffe** (f)	[ka'ʀafə]
kruik (de)	**Tonkrug** (m)	['toːnˌkʀuːk]
vat (het)	**Gefäß** (n)	[gə'fɛːs]
pot (de)	**Tontopf** (m)	['toːnˌtɔpf]
vaas (de)	**Vase** (f)	['vaːzə]
flacon (de)	**Flakon** (n)	[fla'kɔŋ]
flesje (het)	**Fläschchen** (n)	['flɛʃçən]
tube (bijv. ~ tandpasta)	**Tube** (f)	['tuːbə]
zak (bijv. ~ aardappelen)	**Sack** (m)	[zak]
tasje (het)	**Tüte** (f)	['tyːtə]
pakje (~ sigaretten, enz.)	**Schachtel** (f)	['ʃaxtəl]
doos (de)	**Karton** (m)	[kaʀ'tɔŋ]
kist (de)	**Kiste** (f)	['kɪstə]
mand (de)	**Korb** (m)	[kɔʀp]

BELANGRIJKSTE WERKWOORDEN

13. De belangrijkste werkwoorden. Deel 1

aanbevelen (ww)	empfehlen (vt)	[ɛm'pfe:lən]
aandringen (ww)	bestehen auf	[bə'ʃte:ən aʊf]
aankomen (per auto, enz.)	ankommen (vi)	['an‚kɔmən]
aanraken (ww)	berühren (vt)	[bə'ʀy:ʀən]
adviseren (ww)	raten (vt)	['ʀa:tən]

afdalen (on.ww.)	herabsteigen (vi)	[hɛ'ʀap‚ʃtaɪgən]
afslaan (naar rechts ~)	abbiegen (vi)	['ap‚bi:gən]
antwoorden (ww)	antworten (vi)	['ant‚vɔʀtən]
bang zijn (ww)	Angst haben	['aŋst 'ha:bən]
bedreigen (bijv. met een pistool)	drohen (vi)	['dʀo:ən]

bedriegen (ww)	täuschen (vt)	['tɔɪʃən]
beëindigen (ww)	beenden (vt)	[bə'ʔɛndən]
beginnen (ww)	beginnen (vt)	[bə'gɪnən]
begrijpen (ww)	verstehen (vt)	[fɛɐ'ʃte:ən]
beheren (managen)	leiten (vt)	['laɪtən]

beledigen (met scheldwoorden)	kränken (vt)	['kʀɛŋkən]
beloven (ww)	versprechen (vt)	[fɛɐ'ʃpʀɛçən]
bereiden (koken)	zubereiten (vt)	['tsu:bə‚ʀaɪtən]
bespreken (spreken over)	besprechen (vt)	[bə'ʃpʀɛçən]

bestellen (eten ~)	bestellen (vt)	[bə'ʃtɛlən]
bestraffen (een stout kind ~)	bestrafen (vt)	[bə'ʃtʀa:fən]
betalen (ww)	zahlen (vt)	['tsa:lən]
betekenen (beduiden)	bedeuten (vt)	[bə'dɔɪtən]
betreuren (ww)	bedauern (vt)	[bə'daʊɐn]

bevallen (prettig vinden)	gefallen (vi)	[gə'falən]
bevelen (mil.)	befehlen (vt)	[‚bə'fe:lən]
bevrijden (stad, enz.)	befreien (vt)	[bə'fʀaɪən]
bewaren (ww)	aufbewahren (vt)	['aʊfbə‚va:ʀən]
bezitten (ww)	besitzen (vt)	[bə'zɪtsən]

bidden (praten met God)	beten (vi)	['be:tən]
binnengaan (een kamer ~)	hereinkommen (vi)	[hɛ'ʀaɪn‚kɔmən]
breken (ww)	brechen (vt)	['bʀɛçən]
controleren (ww)	kontrollieren (vt)	[kɔntʀɔ'li:ʀən]
creëren (ww)	schaffen (vt)	['ʃafən]

deelnemen (ww)	teilnehmen (vi)	['taɪl‚ne:mən]
denken (ww)	denken (vi, vt)	['dɛŋkən]
doden (ww)	ermorden (vt)	[ɛɐ'mɔʀdən]

doen (ww)	machen (vt)	['maχən]
dorst hebben (ww)	**Durst haben**	['dʊʁst 'ha:bən]

14. De belangrijkste werkwoorden. Deel 2

een hint geven	andeuten (vt)	['an̩dɔɪtən]
eisen (met klem vragen)	verlangen (vt)	[fɛɐ̯'laŋən]
existeren (bestaan)	existieren (vi)	[ˌɛksɪs'ti:ʁən]
gaan (te voet)	gehen (vi)	['ge:ən]
gaan zitten (ww)	sich setzen	[zɪç 'zɛtsən]
gaan zwemmen	schwimmen gehen	['ʃvɪmən 'ge:ən]
geven (ww)	geben (vt)	['ge:bən]
glimlachen (ww)	lächeln (vi)	['lɛçəln]
goed raden (ww)	richtig raten (vt)	['ʁɪçtɪç 'ʁa:tən]
grappen maken (ww)	**Witz machen**	[vɪts 'maχən]
graven (ww)	graben (vt)	['gʁa:bən]
hebben (ww)	haben (vt)	[ha:bən]
helpen (ww)	helfen (vi)	['hɛlfən]
herhalen (opnieuw zeggen)	**noch einmal sagen**	[nɔχ 'aɪnma:l 'za:gən]
honger hebben (ww)	hungrig sein	['hʊŋʁɪç zaɪn]
hopen (ww)	hoffen (vi)	['hɔfən]
horen (waarnemen met het oor)	hören (vt)	['hø:ʁən]
huilen (wenen)	weinen (vi)	['vaɪnən]
huren (huis, kamer)	mieten (vt)	['mi:tən]
informeren (informatie geven)	informieren (vt)	[ɪnfɔʁ'mi:ʁən]
instemmen (akkoord gaan)	zustimmen (vi)	['tsu:ʃtɪmən]
jagen (ww)	jagen (vi)	['jagən]
kennen (kennis hebben van iemand)	kennen (vt)	['kɛnən]
kiezen (ww)	wählen (vt)	['vɛ:lən]
klagen (ww)	klagen (vi)	['kla:gən]
kosten (ww)	kosten (vt)	['kɔstən]
kunnen (ww)	können (v mod)	['kœnən]
lachen (ww)	lachen (vi)	['laχən]
laten vallen (ww)	fallen lassen	['falən 'lasən]
lezen (ww)	lesen (vi, vt)	['le:zən]
liefhebben (ww)	lieben (vt)	['li:bən]
lunchen (ww)	**zu Mittag essen**	[tsu 'mɪta:k 'ɛsən]
nemen (ww)	nehmen (vt)	['ne:mən]
nodig zijn (ww)	nötig sein	['nø:tɪç zaɪn]

15. De belangrijkste werkwoorden. Deel 3

onderschatten (ww)	unterschätzen (vt)	[ʊntɐ'ʃɛtsən]
ondertekenen (ww)	unterschreiben (vt)	[ʊntɐ'ʃʁaɪbən]

ontbijten (ww)	frühstücken (vi)	['fʀyːʃtʏkən]
openen (ww)	öffnen (vt)	['œfnən]
ophouden (ww)	einstellen (vt)	['aɪnˌʃtɛlən]
opmerken (zien)	bemerken (vt)	[bə'mɛʁkən]
opscheppen (ww)	prahlen (vi)	['pʀaːlən]
opschrijven (ww)	aufschreiben (vt)	['aʊfˌʀaɪbən]
plannen (ww)	planen (vt)	['plaːnən]
prefereren (verkiezen)	vorziehen (vt)	['foɐˌtsiːən]
proberen (trachten)	versuchen (vt)	[fɛɐ'zuːχən]
redden (ww)	retten (vt)	['ʀɛtən]
rekenen op ...	auf ... zählen	[aʊf ... 'tsɛːlən]
rennen (ww)	laufen (vi)	['laʊfən]
reserveren (een hotelkamer ~)	reservieren (vt)	[ʀezɛʁ'viːʀən]
roepen (om hulp)	rufen (vi)	['ʀuːfən]
schieten (ww)	schießen (vi)	['ʃiːsən]
schreeuwen (ww)	schreien (vi)	['ʃʀaɪən]
schrijven (ww)	schreiben (vi, vt)	['ʃʀaɪbən]
souperen (ww)	zu Abend essen	[tsu 'aːbənt 'ɛsən]
spelen (kinderen)	spielen (vi, vt)	['ʃpiːlən]
spreken (ww)	sprechen (vi)	['ʃpʀɛçən]
stelen (ww)	stehlen (vt)	['ʃteːlən]
stoppen (pauzeren)	stoppen (vt)	['ʃtɔpən]
studeren (Nederlands ~)	lernen (vt)	['lɛʁnən]
sturen (zenden)	abschicken (vt)	['apˌʃɪkən]
tellen (optellen)	rechnen (vt)	['ʀɛçnən]
toebehoren aan ...	gehören (vi)	[gə'høːʀən]
toestaan (ww)	erlauben (vt)	[ɛɐ'laʊbən]
tonen (ww)	zeigen (vt)	['tsaɪgən]
twijfelen (onzeker zijn)	zweifeln (vi)	['tsvaɪfəln]
uitgaan (ww)	ausgehen (vi)	['aʊsˌgeːən]
uitnodigen (ww)	einladen (vt)	['aɪnˌlaːdən]
uitspreken (ww)	aussprechen (vt)	['aʊsˌʃpʀɛçən]
uitvaren tegen (ww)	schelten (vt)	['ʃɛltən]

16. De belangrijkste werkwoorden. Deel 4

vallen (ww)	fallen (vi)	['falən]
vangen (ww)	fangen (vt)	['faŋən]
veranderen (anders maken)	ändern (vt)	['ɛndɐn]
verbaasd zijn (ww)	staunen (vi)	['ʃtaʊnən]
verbergen (ww)	verstecken (vt)	[fɛɐ'ʃtɛkən]
verdedigen (je land ~)	verteidigen (vt)	[fɛɐ'taɪdɪgən]
verenigen (ww)	vereinigen (vt)	[fɛɐ'ʔaɪnɪgən]
vergelijken (ww)	vergleichen (vt)	[fɛɐ'glaɪçən]
vergeten (ww)	vergessen (vt)	[fɛɐ'gɛsən]
vergeven (ww)	verzeihen (vt)	[fɛɐ'tsaɪən]
verklaren (uitleggen)	erklären (vt)	[ɛɐ'klɛːʀən]

verkopen (per stuk ~)	verkaufen (vt)	[fɛɐˈkaʊfən]
vermelden (praten over)	erwähnen (vt)	[ɛɐˈvɛːnən]
versieren (decoreren)	schmücken (vt)	[ˈʃmʏkən]
vertalen (ww)	übersetzen (vt)	[ˌyːbɐˈzɛtsən]
vertrouwen (ww)	vertrauen (vi)	[fɛɐˈtʀaʊən]
vervolgen (ww)	fortsetzen (vt)	[ˈfɔʁtˌzɛtsən]
verwarren (met elkaar ~)	verwechseln (vt)	[fɛɐˈvɛksəln]
verzoeken (ww)	bitten (vt)	[ˈbɪtən]
verzuimen (school, enz.)	versäumen (vt)	[fɛɐˈzɔɪmən]
vinden (ww)	finden (vt)	[ˈfɪndən]
vliegen (ww)	fliegen (vi)	[ˈfliːɡən]
volgen (ww)	folgen (vi)	[ˈfɔlɡən]
voorstellen (ww)	vorschlagen (vt)	[ˈfoːɐ̯ʃlaːɡən]
voorzien (verwachten)	voraussehen (vt)	[foˈʀaʊsˌzeːən]
vragen (ww)	fragen (vt)	[ˈfʀaːɡən]
waarnemen (ww)	beobachten (vt)	[bəˈʔoːbaxtən]
waarschuwen (ww)	warnen (vt)	[ˈvaʁnən]
wachten (ww)	warten (vi)	[ˈvaʁtən]
weerspreken (ww)	einwenden (vt)	[ˈaɪnˌvɛndən]
weigeren (ww)	sich weigern	[zɪç ˈvaɪɡɐn]
werken (ww)	arbeiten (vi)	[ˈaʁbaɪtən]
weten (ww)	wissen (vt)	[ˈvɪsən]
willen (verlangen)	wollen (vt)	[ˈvɔlən]
zeggen (ww)	sagen (vt)	[ˈzaːɡən]
zich haasten (ww)	sich beeilen	[zɪç bəˈʔaɪlən]
zich interesseren voor …	sich interessieren	[zɪç ɪntəʀɛˈsiːʀən]
zich vergissen (ww)	sich irren	[zɪç ˈɪʀən]
zich verontschuldigen	sich entschuldigen	[zɪç ɛntˈʃʊldɪɡən]
zien (ww)	sehen (vi, vt)	[ˈzeːən]
zijn (ww)	sein (vi)	[zaɪn]
zoeken (ww)	suchen (vt)	[ˈzuːxən]
zwemmen (ww)	schwimmen (vi)	[ˈʃvɪmən]
zwijgen (ww)	schweigen (vi)	[ˈʃvaɪɡən]

TIJD. KALENDER

17. Dagen van de week

maandag (de)	**Montag** (m)	['moːntaːk]
dinsdag (de)	**Dienstag** (m)	['diːnstaːk]
woensdag (de)	**Mittwoch** (m)	['mɪtvɔχ]
donderdag (de)	**Donnerstag** (m)	['dɔnɐstaːk]
vrijdag (de)	**Freitag** (m)	['fʀaɪtaːk]
zaterdag (de)	**Samstag** (m)	['zamstaːk]
zondag (de)	**Sonntag** (m)	['zɔntaːk]
vandaag (bw)	heute	['hɔɪtə]
morgen (bw)	morgen	['mɔʁgən]
overmorgen (bw)	übermorgen	['yːbɐˌmɔʁgən]
gisteren (bw)	gestern	['gɛstɐn]
eergisteren (bw)	vorgestern	['foːɐgɛstɐn]
dag (de)	**Tag** (m)	[taːk]
werkdag (de)	**Arbeitstag** (m)	['aʁbaɪtsˌtaːk]
feestdag (de)	**Feiertag** (m)	['faɪɐˌtaːk]
verlofdag (de)	freier **Tag** (m)	['fʀaɪɐ taːk]
weekend (het)	**Wochenende** (n)	['vɔχənˌʔɛndə]
de hele dag (bw)	den ganzen Tag	[den 'gantsən 'taːk]
de volgende dag (bw)	am nächsten Tag	[am 'nɛːçstən taːk]
twee dagen geleden	zwei Tage vorher	[tsvaɪ 'taːgə 'foːɐheːɐ]
aan de vooravond (bw)	am Vortag	[am 'foːɐˌtaːk]
dag-, dagelijks (bn)	täglich	['tɛːklɪç]
elke dag (bw)	täglich	['tɛːklɪç]
week (de)	**Woche** (f)	['vɔχə]
vorige week (bw)	letzte Woche	['lɛtstə 'vɔχə]
volgende week (bw)	nächste Woche	['nɛːçstə 'vɔχə]
wekelijks (bn)	wöchentlich	['vœçəntlɪç]
elke week (bw)	wöchentlich	['vœçəntlɪç]
twee keer per week	zweimal pro Woche	['tsvaɪmaːl pʀɔ 'vɔχə]
elke dinsdag	jeden Dienstag	['jeːdən 'diːnstaːk]

18. Uren. Dag en nacht

morgen (de)	**Morgen** (m)	['mɔʁgən]
's morgens (bw)	morgens	['mɔʁgəns]
middag (de)	**Mittag** (m)	['mɪtaːk]
's middags (bw)	nachmittags	['naːχmɪˌtaːks]
avond (de)	**Abend** (m)	['aːbənt]
's avonds (bw)	abends	['aːbənts]

nacht (de)	Nacht (f)	[naχt]
's nachts (bw)	nachts	[naχts]
middernacht (de)	Mitternacht (f)	['mɪtɐˌnaχt]
seconde (de)	Sekunde (f)	[zeˈkʊndə]
minuut (de)	Minute (f)	[miˈnuːtə]
uur (het)	Stunde (f)	[ˈʃtʊndə]
halfuur (het)	eine halbe Stunde	[ˈaɪnə ˈhalbə ˈʃtʊndə]
kwartier (het)	Viertelstunde (f)	[ˈfɪʁtəlˌʃtʊndə]
vijftien minuten	fünfzehn Minuten	[ˈfʏnftseːn miˈnuːtən]
etmaal (het)	Tag und Nacht	[ˈtaːk ʊnt ˈnaχt]
zonsopgang (de)	Sonnenaufgang (m)	[ˈzɔnənˌʔaʊfgaŋ]
dageraad (de)	Morgendämmerung (f)	[ˈmɔʁgənˌdɛmɐʁʊŋ]
vroege morgen (de)	früher Morgen (m)	[ˈfʁyːɐ ˈmɔʁgən]
zonsondergang (de)	Sonnenuntergang (m)	[ˈzɔnənˌʔʊntɐgaŋ]
's morgens vroeg (bw)	früh am Morgen	[fʁyː am ˈmɔʁgən]
vanmorgen (bw)	heute morgen	[ˈhɔɪtə ˈmɔʁgən]
morgenochtend (bw)	morgen früh	[ˈmɔʁgən fʁyː]
vanmiddag (bw)	heute Mittag	[ˈhɔɪtə ˈmɪtaːk]
's middags (bw)	nachmittags	[ˈnaːχmɪˌtaːks]
morgenmiddag (bw)	morgen Nachmittag	[ˈmɔʁgən ˈnaːχmɪˌtaːk]
vanavond (bw)	heute Abend	[ˈhɔɪtə ˈaːbənt]
morgenavond (bw)	morgen Abend	[ˈmɔʁgən ˈaːbənt]
klokslag drie uur	Punkt drei Uhr	[pʊŋkt dʁaɪ uːɐ]
ongeveer vier uur	gegen vier Uhr	[ˈgeːgn fiːɐ uːɐ]
tegen twaalf uur	um zwölf Uhr	[ʊm tsvœlf uːɐ]
over twintig minuten	in zwanzig Minuten	[ɪn ˈtsvantsɪç miˈnuːtən]
over een uur	in einer Stunde	[ɪn ˈaɪnɐ ˈʃtʊndə]
op tijd (bw)	rechtzeitig	[ˈʁɛçtˌtsaɪtɪç]
kwart voor ...	Viertel vor ...	[ˈfɪʁtəl foːɐ]
binnen een uur	innerhalb einer Stunde	[ˈɪnɐhalp ˈaɪnɐ ˈʃtʊndə]
elk kwartier	alle fünfzehn Minuten	[ˈalə ˈfʏnftseːn miˈnuːtən]
de klok rond	Tag und Nacht	[ˈtaːk ʊnt ˈnaχt]

19. Maanden. Seizoenen

januari (de)	Januar (m)	[ˈjanuaːɐ]
februari (de)	Februar (m)	[ˈfeːbʁuaːɐ]
maart (de)	März (m)	[mɛʁts]
april (de)	April (m)	[aˈpʁɪl]
mei (de)	Mai (m)	[maɪ]
juni (de)	Juni (m)	[ˈjuːni]
juli (de)	Juli (m)	[ˈjuːli]
augustus (de)	August (m)	[aʊˈgʊst]
september (de)	September (m)	[zɛpˈtɛmbɐ]
oktober (de)	Oktober (m)	[ɔkˈtoːbɐ]

november (de)	November (m)	[noˈvɛmbɐ]
december (de)	Dezember (m)	[deˈtsɛmbɐ]
lente (de)	Frühling (m)	[ˈfʀyːlɪŋ]
in de lente (bw)	im Frühling	[ɪm ˈfʀyːlɪŋ]
lente- (abn)	Frühlings-	[ˈfʀyːlɪŋs]
zomer (de)	Sommer (m)	[ˈzɔmɐ]
in de zomer (bw)	im Sommer	[ɪm ˈzɔmɐ]
zomer-, zomers (bn)	Sommer-	[ˈzɔmɐ]
herfst (de)	Herbst (m)	[hɛʁpst]
in de herfst (bw)	im Herbst	[ɪm hɛʁpst]
herfst- (abn)	Herbst-	[hɛʁpst]
winter (de)	Winter (m)	[ˈvɪntɐ]
in de winter (bw)	im Winter	[ɪm ˈvɪntɐ]
winter- (abn)	Winter-	[ˈvɪntɐ]
maand (de)	Monat (m)	[ˈmoːnat]
deze maand (bw)	in diesem Monat	[ɪn ˈdiːzəm ˈmoːnat]
volgende maand (bw)	nächsten Monat	[ˈnɛːçstən ˈmoːnat]
vorige maand (bw)	letzten Monat	[ˈlɛtstən ˈmoːnat]
een maand geleden (bw)	vor einem Monat	[foːɐ ˈaɪnəm ˈmoːnat]
over een maand (bw)	über eine Monat	[ˈyːbɐ ˈaɪnə ˈmoːnat]
over twee maanden (bw)	in zwei Monaten	[ɪn tsvaɪ ˈmoːnatən]
de hele maand (bw)	einen ganzen Monat	[ˈaɪnən ˈgantsən ˈmoːnat]
een volle maand (bw)	den ganzen Monat	[deːn ˈgantsən ˈmoːnat]
maand-, maandelijks (bn)	monatlich	[ˈmoːnatlɪç]
maandelijks (bw)	monatlich	[ˈmoːnatlɪç]
elke maand (bw)	jeden Monat	[ˈjeːdən ˈmoːnat]
twee keer per maand	zweimal pro Monat	[ˈtsvaɪmaːl pʀɔ ˈmoːnat]
jaar (het)	Jahr (n)	[jaːɐ]
dit jaar (bw)	dieses Jahr	[ˈdiːzəs jaːɐ]
volgend jaar (bw)	nächstes Jahr	[ˈnɛːçstəs jaːɐ]
vorig jaar (bw)	voriges Jahr	[ˈfoːʀɪgəs jaːɐ]
een jaar geleden (bw)	vor einem Jahr	[foːɐ ˈaɪnəm jaːɐ]
over een jaar	in einem Jahr	[ɪn ˈaɪnəm jaːɐ]
over twee jaar	in zwei Jahren	[ɪn tsvaɪ ˈjaːʀən]
het hele jaar	ein ganzes Jahr	[aɪn ˈgantsəs jaːɐ]
een vol jaar	das ganze Jahr	[das ˈgantsə jaːɐ]
elk jaar	jedes Jahr	[ˈjeːdəs jaːɐ]
jaar-, jaarlijks (bn)	jährlich	[ˈjɛːɐlɪç]
jaarlijks (bw)	jährlich	[ˈjɛːɐlɪç]
4 keer per jaar	viermal pro Jahr	[ˈfiːɐmaːl pʀɔ jaːɐ]
datum (de)	Datum (n)	[ˈdaːtʊm]
datum (de)	Datum (n)	[ˈdaːtʊm]
kalender (de)	Kalender (m)	[kaˈlɛndɐ]
een half jaar	ein halbes Jahr	[aɪn ˈhalbəs jaːɐ]
zes maanden	Halbjahr (n)	[ˈhalpˌjaːɐ]

seizoen (bijv. lente, zomer)	**Saison** (f)	[zɛˈzɔŋ]
eeuw (de)	**Jahrhundert** (n)	[jaːɐˈhʊndɐt]

REIZEN. HOTEL

20. Trip. Reizen

toerisme (het)	**Tourismus** (m)	[tu'ʀɪsmʊs]
toerist (de)	**Tourist** (m)	[tu'ʀɪst]
reis (de)	**Reise** (f)	['ʀaɪzə]
avontuur (het)	**Abenteuer** (n)	['a:bəntɔɪɐ]
tocht (de)	**Fahrt** (f)	[fa:ɐt]
vakantie (de)	**Urlaub** (m)	['u:ɐˌlaʊp]
met vakantie zijn	**auf Urlaub sein**	[aʊf 'u:ɐˌlaʊp zaɪn]
rust (de)	**Erholung** (f)	[ɛɐ'ho:lʊŋ]
trein (de)	**Zug** (m)	[tsu:k]
met de trein	**mit dem Zug**	[mɪt dem tsu:k]
vliegtuig (het)	**Flugzeug** (n)	['flu:kˌtsɔɪk]
met het vliegtuig	**mit dem Flugzeug**	[mɪt dem 'flu:kˌtsɔɪk]
met de auto	**mit dem Auto**	[mɪt dem 'aʊto]
per schip (bw)	**mit dem Schiff**	[mɪt dem ʃɪf]
bagage (de)	**Gepäck** (n)	[gə'pɛk]
valies (de)	**Koffer** (m)	['kɔfɐ]
bagagekarretje (het)	**Gepäckwagen** (m)	[gə'pɛkˌva:gən]
paspoort (het)	**Pass** (m)	[pas]
visum (het)	**Visum** (n)	['vi:zʊm]
kaartje (het)	**Fahrkarte** (f)	['fa:ɐˌkaʁtə]
vliegticket (het)	**Flugticket** (n)	['flu:kˌtɪkət]
reisgids (de)	**Reiseführer** (m)	['ʀaɪzəˌfy:ʀɐ]
kaart (de)	**Landkarte** (f)	['lantˌkaʁtə]
gebied (landelijk ~)	**Gegend** (f)	['ge:gənt]
plaats (de)	**Ort** (m)	[ɔʁt]
exotische bestemming (de)	**Exotika** (pl)	[ɛ'kso:tika]
exotisch (bn)	**exotisch**	[ɛ'kso:tɪʃ]
verwonderlijk (bn)	**erstaunlich**	[ɛɐ'ʃtaʊnlɪç]
groep (de)	**Gruppe** (f)	['gʀʊpə]
rondleiding (de)	**Ausflug** (m)	['aʊsˌflu:k]
gids (de)	**Reiseleiter** (m)	['ʀaɪzəˌlaɪtɐ]

21. Hotel

hotel (het)	**Hotel** (n)	[ho'tɛl]
motel (het)	**Motel** (n)	[mo'tɛl]
3-sterren	**drei Sterne**	[dʀaɪ 'ʃtɛʁnə]

5-sterren	fünf Sterne	[fʏnf 'ʃtɛʁnə]
overnachten (ww)	absteigen (vi)	['apˌʃtaɪgən]
kamer (de)	Hotelzimmer (n)	[ho'tɛlˌtsɪmɐ]
eenpersoonskamer (de)	Einzelzimmer (n)	['aɪntsəlˌtsɪmɐ]
tweepersoonskamer (de)	Zweibettzimmer (n)	['tsvaɪbɛtˌtsɪmɐ]
een kamer reserveren	reservieren (vt)	[ʁezɛʁ'viːʁən]
halfpension (het)	Halbpension (f)	['halpˑpanˌzjoːn]
volpension (het)	Vollpension (f)	['fɔlˑpanˌzjoːn]
met badkamer	mit Bad	[mɪt 'baːt]
met douche	mit Dusche	[mɪt 'duːʃə]
satelliet-tv (de)	Satellitenfernsehen (n)	[zatɛ'liːtənˌfɛʁnzeːən]
airconditioner (de)	Klimaanlage (f)	['kliːmaˌʔanlaːgə]
handdoek (de)	Handtuch (n)	['hantˌtuːx]
sleutel (de)	Schlüssel (m)	['ʃlʏsəl]
administrateur (de)	Verwalter (m)	[fɛɐ'valtɐ]
kamermeisje (het)	Zimmermädchen (n)	['tsɪmɐˌmɛːtçən]
piccolo (de)	Träger (m)	['tʁɛːgɐ]
portier (de)	Portier (m)	[pɔʁ'tiɛː]
restaurant (het)	Restaurant (n)	[ʁɛsto'ʁaŋ]
bar (de)	Bar (f)	[baːɐ]
ontbijt (het)	Frühstück (n)	['fʁyːʃtʏk]
avondeten (het)	Abendessen (n)	['aːbəntˌʔɛsən]
buffet (het)	Buffet (n)	[bʏ'feː]
hal (de)	Foyer (n)	[foa'jeː]
lift (de)	Aufzug (m), Fahrstuhl (m)	['aʊfˌtsuːk], ['faːɐˌʃtuːl]
NIET STOREN	BITTE NICHT STÖREN!	['bɪtə nɪçt 'ʃtøːʁən]
VERBODEN TE ROKEN!	RAUCHEN VERBOTEN!	['ʁaʊxən fɛɐ'boːtən]

22. Bezienswaardigheden

monument (het)	Denkmal (n)	['dɛŋkˌmaːl]
vesting (de)	Festung (f)	['fɛstʊŋ]
paleis (het)	Palast (m)	[pa'last]
kasteel (het)	Schloss (n)	[ʃlɔs]
toren (de)	Turm (m)	[tʊʁm]
mausoleum (het)	Mausoleum (n)	[ˌmaʊzo'leːʊm]
architectuur (de)	Architektur (f)	[aʁçitɛk'tuːɐ]
middeleeuws (bn)	mittelalterlich	['mɪtəlˌʔaltelɪç]
oud (bn)	alt	[alt]
nationaal (bn)	national	[natsjo'naːl]
bekend (bn)	berühmt	[bə'ʁyːmt]
toerist (de)	Tourist (m)	[tu'ʁɪst]
gids (de)	Fremdenführer (m)	['fʁɛmdənˌfyːʁɐ]
rondleiding (de)	Ausflug (m)	['aʊsˌfluːk]
tonen (ww)	zeigen (vt)	['tsaɪgən]

vertellen (ww)	erzählen (vt)	[ɛɐ'tsɛːlən]
vinden (ww)	finden (vt)	['fɪndən]
verdwalen (de weg kwijt zijn)	sich verlieren	[zɪç fɛɐ'liːbən]
plattegrond (~ van de metro)	Karte (f)	['kaʁtə]
plattegrond (~ van de stad)	Karte (f)	['kaʁtə]
souvenir (het)	**Souvenir** (n)	[zuvəˌniːɐ]
souvenirwinkel (de)	**Souvenirladen** (m)	[zuvəˌniːɐ'laːdən]
foto's maken	**fotografieren** (vt)	[fotoʁa'fiːʁən]
zich laten fotograferen	**sich fotografieren**	[zɪç fotoʁa'fiːʁən]

VERVOER

23. Vliegveld

luchthaven (de)	**Flughafen** (m)	['fluːkˌhaːfən]
vliegtuig (het)	**Flugzeug** (n)	['fluːkˌtsɔɪk]
luchtvaartmaatschappij (de)	**Fluggesellschaft** (f)	['fluːkgəˌzɛlʃaft]
luchtverkeersleider (de)	**Fluglotse** (m)	['fluːkˌloːtsə]

vertrek (het)	**Abflug** (m)	['apˌfluːk]
aankomst (de)	**Ankunft** (f)	['ankʊnft]
aankomen (per vliegtuig)	**anfliegen** (vi)	['anˌfliːgən]

vertrektijd (de)	**Abflugzeit** (f)	['apfluːkˌtsaɪt]
aankomstuur (het)	**Ankunftszeit** (f)	['ankʊnftsˌtsaɪt]

vertraagd zijn (ww)	**sich verspäten**	[zɪç fɛɐ'ʃpɛːtən]
vluchtvertraging (de)	**Abflugverspätung** (f)	['apfluːk·fɛɐ'ʃpɛːtʊŋ]

informatiebord (het)	**Anzeigetafel** (f)	['antsaɪgəˌtaːfəl]
informatie (de)	**Information** (f)	[ɪnfɔʁma'tsjoːn]
aankondigen (ww)	**ankündigen** (vt)	['ankʏndɪgən]
vlucht (bijv. KLM ~)	**Flug** (m)	[fluːk]

douane (de)	**Zollamt** (n)	['tsɔlˌʔamt]
douanier (de)	**Zollbeamter** (m)	['tsɔl·bəˌʔamtɐ]

douaneaangifte (de)	**Zolldeklaration** (f)	['tsɔl·deklaʁa'tsjoːn]
invullen (douaneaangifte ~)	**ausfüllen** (vt)	['aʊsˌfʏlən]
een douaneaangifte invullen	**die Zollerklärung ausfüllen**	[di 'tsɔl·ɛɐ'klɛːʁʊŋ 'aʊsˌfʏlən]
paspoortcontrole (de)	**Passkontrolle** (f)	['pas·kɔnˌtʁɔlə]

bagage (de)	**Gepäck** (n)	[gə'pɛk]
handbagage (de)	**Handgepäck** (n)	['hant·gəˌpɛk]
bagagekarretje (het)	**Kofferkuli** (m)	['kɔfɐˌkuːli]

landing (de)	**Landung** (f)	['landʊŋ]
landingsbaan (de)	**Landebahn** (f)	['landəˌbaːn]
landen (ww)	**landen** (vi)	['landən]
vliegtuigtrap (de)	**Fluggasttreppe** (f)	['fluːkgastˌtʁɛpə]

inchecken (het)	**Check-in** (n)	[tʃɛk?in]
incheckbalie (de)	**Check-in-Schalter** (m)	[tʃɛk?in 'ʃaltɐ]
inchecken (ww)	**sich registrieren lassen**	[zɪç ʁegɪs'tʁiːʁən 'lasən]
instapkaart (de)	**Bordkarte** (f)	['bɔʁtˌkaʁtə]
gate (de)	**Abfluggate** (n)	['apfluːkˌgeɪt]

transit (de)	**Transit** (m)	[tʁan'ziːt]
wachten (ww)	**warten** (vi)	['vaʁtən]
wachtzaal (de)	**Wartesaal** (m)	['vaʁtəˌzaːl]

| begeleiden (uitwuiven) | begleiten (vt) | [bəˈglaɪtən] |
| afscheid nemen (ww) | sich verabschieden | [zɪç fɛɐˈapˌʃiːdən] |

24. Vliegtuig

vliegtuig (het)	Flugzeug (n)	[ˈfluːkˌtsɔɪk]
vliegticket (het)	Flugticket (n)	[ˈfluːkˌtɪkət]
luchtvaartmaatschappij (de)	Fluggesellschaft (f)	[ˈfluːkgəˌzɛlʃaft]
luchthaven (de)	Flughafen (m)	[ˈfluːkˌhaːfən]
supersonisch (bn)	Überschall-	[ˈyːbɐʃal]
gezagvoerder (de)	Flugkapitän (m)	[ˈfluːkˈkapiˌtɛːn]
bemanning (de)	Besatzung (f)	[bəˈzatsʊŋ]
piloot (de)	Pilot (m)	[piˈloːt]
stewardess (de)	Flugbegleiterin (f)	[ˈfluːkˈbəˌglaɪtəʀɪn]
stuurman (de)	Steuermann (m)	[ˈʃtɔɪɐˌman]
vleugels (mv.)	Flügel (pl)	[ˈflyːgəl]
staart (de)	Schwanz (m)	[ʃvants]
cabine (de)	Kabine (f)	[kaˈbiːnə]
motor (de)	Motor (m)	[ˈmoːtoːɐ]
landingsgestel (het)	Fahrgestell (n)	[ˈfaːɐˈgəʃtɛl]
turbine (de)	Turbine (f)	[tʊʁˈbiːnə]
propeller (de)	Propeller (m)	[pʀoˈpɛlɐ]
zwarte doos (de)	Flugschreiber (m)	[ˈfluːkʃʀaɪbɐ]
stuur (het)	Steuerrad (n)	[ˈʃtɔɪɐˌʀaːt]
brandstof (de)	Treibstoff (m)	[ˈtʀaɪpʃtɔf]
veiligheidskaart (de)	Sicherheitskarte (f)	[ˈzɪçɐhaɪtsˌkaʁtə]
zuurstofmasker (het)	Sauerstoffmaske (f)	[ˈzaʊɐʃtɔfˌmaskə]
uniform (het)	Uniform (f)	[ˈʊniˌfɔʁm]
reddingsvest (de)	Rettungsweste (f)	[ˈʀɛtʊŋsˌvɛstə]
parachute (de)	Fallschirm (m)	[ˈfalʃɪʁm]
opstijgen (het)	Abflug, Start (m)	[ˈapˌfluːk], [ʃtaʁt]
opstijgen (ww)	starten (vi)	[ˈʃtaʁtən]
startbaan (de)	Startbahn (f)	[ˈʃtaʁtbaːn]
zicht (het)	Sicht (f)	[zɪçt]
vlucht (de)	Flug (m)	[fluːk]
hoogte (de)	Höhe (f)	[ˈhøːə]
luchtzak (de)	Luftloch (n)	[ˈlʊftˌlɔx]
plaats (de)	Platz (m)	[plats]
koptelefoon (de)	Kopfhörer (m)	[ˈkɔpfˌhøːʀɐ]
tafeltje (het)	Klapptisch (m)	[ˈklapˌtɪʃ]
venster (het)	Bullauge (n)	[ˈbʊlˌʔaʊgə]
gangpad (het)	Durchgang (m)	[ˈdʊʁçˌgaŋ]

25. Trein

| trein (de) | Zug (m) | [tsuːk] |
| elektrische trein (de) | elektrischer Zug (m) | [eˈlɛktʀɪʃɐ tsuːk] |

sneltrein (de)	Schnellzug (m)	['ʃnɛl̩ˌtsu:k]
diesellocomotief (de)	Diesellok (f)	['di:zəlˌlɔk]
stoomlocomotief (de)	Dampflok (f)	['dampfˌlɔk]
rijtuig (het)	Personenwagen (m)	[pɛʁ'zo:nənˌva:gən]
restauratierijtuig (het)	Speisewagen (m)	['ʃpaɪzəˌva:gən]
rails (mv.)	Schienen (pl)	['ʃi:nən]
spoorweg (de)	Eisenbahn (f)	['aɪzən·ba:n]
dwarsligger (de)	Bahnschwelle (f)	['ba:nʃvɛlə]
perron (het)	Bahnsteig (m)	['ba:nʃtaɪk]
spoor (het)	Gleis (n)	['glaɪs]
semafoor (de)	Eisenbahnsignal (n)	['aɪzənba:n·zɪ'gna:l]
halte (bijv. kleine treinhalte)	Station (f)	[ʃta'tsjo:n]
machinist (de)	Lokführer (m)	['lɔkˌfy:ʁɐ]
kruier (de)	Träger (m)	['tʁɛ:gɐ]
conducteur (de)	Schaffner (m)	['ʃafnɐ]
passagier (de)	Fahrgast (m)	['fa:ɐˌgast]
controleur (de)	Kontrolleur (m)	[kɔntʁɔ'lø:ɐ]
gang (in een trein)	Flur (m)	[flu:ɐ]
noodrem (de)	Notbremse (f)	['no:tˌbʁɛmzə]
coupé (de)	Abteil (n)	[ap'taɪl]
bed (slaapplaats)	Liegeplatz (m), Schlafkoje (f)	['li:gəˌplats], ['ʃla:fˌko:jə]
bovenste bed (het)	oberer Liegeplatz (m)	['o:bəʁɐ 'li:gəˌplats]
onderste bed (het)	unterer Liegeplatz (m)	['ʊntəʁɐ 'li:gəˌplats]
beddengoed (het)	Bettwäsche (f)	['bɛtˌvɛʃə]
kaartje (het)	Fahrkarte (f)	['fa:ɐˌkaʁtə]
dienstregeling (de)	Fahrplan (m)	['fa:ɐˌpla:n]
informatiebord (het)	Anzeigetafel (f)	['antsaɪgəˌta:fəl]
vertrekken	abfahren (vi)	['apˌfa:ʁən]
(De trein vertrekt …)		
vertrek (ov. een trein)	Abfahrt (f)	['apˌfa:ɐt]
aankomen (ov. de treinen)	ankommen (vi)	['anˌkɔmən]
aankomst (de)	Ankunft (f)	['ankʊnft]
aankomen per trein	mit dem Zug kommen	[mɪt dem tsu:k 'kɔmən]
in de trein stappen	in den Zug einsteigen	[ɪn den tsu:k 'aɪnˌʃtaɪgən]
uit de trein stappen	aus dem Zug aussteigen	['aʊs dem tsu:k 'aʊsˌʃtaɪgən]
treinwrak (het)	Zugunglück (n)	['tsu:kʔʊnˌglʏk]
ontspoord zijn	entgleisen (vi)	[ɛnt'glaɪzən]
stoomlocomotief (de)	Dampflok (f)	['dampfˌlɔk]
stoker (de)	Heizer (m)	['haɪtsɐ]
stookplaats (de)	Feuerbuchse (f)	['fɔɪɐˌbʊksə]
steenkool (de)	Kohle (f)	['ko:lə]

26. Schip

schip (het)	Schiff (n)	[ʃɪf]
vaartuig (het)	Fahrzeug (n)	['faːɐˌtsɔɪk]
stoomboot (de)	Dampfer (m)	['dampfɐ]
motorschip (het)	Motorschiff (n)	['moːtoːɐˌʃɪf]
lijnschip (het)	Kreuzfahrtschiff (n)	['kʀɔɪtsfaːɐtˌʃɪf]
kruiser (de)	Kreuzer (m)	['kʀɔɪtsɐ]
jacht (het)	Jacht (f)	[jaχt]
sleepboot (de)	Schlepper (m)	['ʃlɛpɐ]
duwbak (de)	Lastkahn (m)	[lastˌkaːn]
ferryboot (de)	Fähre (f)	['fɛːʀə]
zeilboot (de)	Segelschiff (n)	['zeːgəlˌʃɪf]
brigantijn (de)	Brigantine (f)	[bʀiganˈtiːnə]
ijsbreker (de)	Eisbrecher (m)	['aɪsˌbʀɛçɐ]
duikboot (de)	U-Boot (n)	['uːboːt]
boot (de)	Boot (n)	['boːt]
sloep (de)	Dingi (n)	['dɪŋgi]
reddingssloep (de)	Rettungsboot (n)	['ʀɛtʊŋsˌboːt]
motorboot (de)	Motorboot (n)	['moːtoːɐˌboːt]
kapitein (de)	Kapitän (m)	[kapiˈtɛn]
zeeman (de)	Matrose (m)	[maˈtʀoːzə]
matroos (de)	Seemann (m)	['zeːman]
bemanning (de)	Besatzung (f)	[bəˈzatsʊŋ]
bootsman (de)	Bootsmann (m)	['boːtsman]
scheepsjongen (de)	Schiffsjunge (m)	['ʃɪfsˌjʊŋə]
kok (de)	Schiffskoch (m)	['ʃɪfsˌkɔχ]
scheepsarts (de)	Schiffsarzt (m)	['ʃɪfsˌʔaʁtst]
dek (het)	Deck (n)	[dɛk]
mast (de)	Mast (m)	[mast]
zeil (het)	Segel (n)	[zeːgəl]
ruim (het)	Schiffsraum (m)	['ʃɪfsˌʀaʊm]
voorsteven (de)	Bug (m)	[buːk]
achtersteven (de)	Heck (n)	[hɛk]
roeispaan (de)	Ruder (n)	['ʀuːdɐ]
schroef (de)	Schraube (f)	['ʃʀaʊbə]
kajuit (de)	Kajüte (f)	[kaˈjyːtə]
officierskamer (de)	Messe (f)	['mɛsə]
machinekamer (de)	Maschinenraum (m)	[maˈʃiːnənˌʀaʊm]
brug (de)	Brücke (f)	['bʀʏkə]
radiokamer (de)	Funkraum (m)	['fʊŋkˌʀaʊm]
radiogolf (de)	Radiowelle (f)	['ʀaːdioˌvɛlə]
logboek (het)	Schiffstagebuch (n)	['ʃɪfsˑtaːgəbuːχ]
verrekijker (de)	Fernrohr (n)	['fɛʁnˌʀoːɐ]
klok (de)	Glocke (f)	['glɔkə]

vlag (de)	Fahne (f)	['fa:nə]
kabel (de)	Seil (n)	[zaɪl]
knoop (de)	Knoten (m)	['kno:tən]

| leuning (de) | Geländer (n) | [gə'lɛndɐ] |
| trap (de) | Treppe (f) | ['tʀɛpə] |

anker (het)	Anker (m)	['aŋkɐ]
het anker lichten	den Anker lichten	[den 'aŋkɐ 'lɪçtən]
het anker neerlaten	Anker werfen	['aŋkɐ ˌvɛʀfən]
ankerketting (de)	Ankerkette (f)	['aŋkɐˌkɛtə]

haven (bijv. containerhaven)	Hafen (m)	['ha:fən]
kaai (de)	Anlegestelle (f)	['anleːgəˌʃtɛlə]
aanleggen (ww)	anlegen (vi)	['anˌle:gən]
wegvaren (ww)	abstoßen (vt)	['apˌʃto:sən]

reis (de)	Reise (f)	['ʀaɪzə]
cruise (de)	Kreuzfahrt (f)	['kʀɔɪtsˌfa:ɐt]
koers (de)	Kurs (m)	[kʊʀs]
route (de)	Reiseroute (f)	['ʀaɪzəˌʀu:tə]

vaarwater (het)	Fahrwasser (n)	['fa:ɐˌvasɐ]
zandbank (de)	Untiefe (f)	['ʊnˌti:fə]
stranden (ww)	stranden (vi)	['ʃtʀandən]

storm (de)	Sturm (m)	[ʃtʊʀm]
signaal (het)	Signal (n)	[zɪ'gna:l]
zinken (ov. een boot)	untergehen (vi)	['ʊntɐˌge:ən]
Man overboord!	Mann über Bord!	[man 'y:bɐ bɔʀt]
SOS (noodsignaal)	SOS	[ɛso:'ʔɛs]
reddingsboei (de)	Rettungsring (m)	['ʀɛtʊŋsˌʀɪŋ]

STAD

27. Stedelijk vervoer

bus, autobus (de)	**Bus** (m)	[bʊs]
tram (de)	**Straßenbahn** (f)	[ˈʃtʁaːsənˌbaːn]
trolleybus (de)	**Obus** (m)	[ˈoːbʊs]
route (de)	**Linie** (f)	[ˈliːniə]
nummer (busnummer, enz.)	**Nummer** (f)	[ˈnʊmɐ]
rijden met ...	**mit ... fahren**	[mɪt ... ˈfaːʁən]
stappen (in de bus ~)	**einsteigen** (vi)	[ˈaɪnˌʃtaɪɡən]
afstappen (ww)	**aussteigen** (vi)	[ˈaʊsˌʃtaɪɡən]
halte (de)	**Haltestelle** (f)	[ˈhaltəˌʃtɛlə]
volgende halte (de)	**nächste Haltestelle** (f)	[ˈnɛːçstə ˈhaltəˌʃtɛlə]
eindpunt (het)	**Endhaltestelle** (f)	[ˈɛntˌhaltəʃtɛlə]
dienstregeling (de)	**Fahrplan** (m)	[ˈfaːɐˌplaːn]
wachten (ww)	**warten** (vi, vt)	[ˈvaʁtən]
kaartje (het)	**Fahrkarte** (f)	[ˈfaːɐˌkaʁtə]
reiskosten (de)	**Fahrpreis** (m)	[ˈfaːɐˌpʁaɪs]
kassier (de)	**Kassierer** (m)	[kaˈsiːʁɐ]
kaartcontrole (de)	**Fahrkartenkontrolle** (f)	[ˈfaːɐˌkaʁtən·kɔnˈtʁɔlə]
controleur (de)	**Kontrolleur** (m)	[kɔntʁɔˈløːɐ]
te laat zijn (ww)	**sich verspäten**	[zɪç fɛɐˈʃpɛːtən]
missen (de bus ~)	**versäumen** (vt)	[fɛɐˈzɔɪmən]
zich haasten (ww)	**sich beeilen**	[zɪç bəˈʔaɪlən]
taxi (de)	**Taxi** (n)	[ˈtaksi]
taxichauffeur (de)	**Taxifahrer** (m)	[ˈtaksiˌfaːʁɐ]
met de taxi (bw)	**mit dem Taxi**	[mɪt dem ˈtaksi]
taxistandplaats (de)	**Taxistand** (m)	[ˈtaksiˌʃtant]
een taxi bestellen	**ein Taxi rufen**	[aɪn ˈtaksi ˈʁuːfən]
een taxi nemen	**ein Taxi nehmen**	[aɪn ˈtaksi ˈneːmən]
verkeer (het)	**Straßenverkehr** (m)	[ˈʃtʁaːsən·fɛɐˌkeːɐ]
file (de)	**Stau** (m)	[ʃtaʊ]
spitsuur (het)	**Hauptverkehrszeit** (f)	[ˈhaʊpt·fɛɐˈkeːɐsˌtsaɪt]
parkeren (on.ww.)	**parken** (vi)	[ˈpaʁkən]
parkeren (ov.ww.)	**parken** (vt)	[ˈpaʁkən]
parking (de)	**Parkplatz** (m)	[ˈpaʁkˌplats]
metro (de)	**U-Bahn** (f)	[ˈuːbaːn]
halte (bijv. kleine treinhalte)	**Station** (f)	[ʃtaˈtsjoːn]
de metro nemen	**mit der U-Bahn fahren**	[mɪt deːɐ ˈuːbaːn faːʁən]
trein (de)	**Zug** (m)	[tsuːk]
station (treinstation)	**Bahnhof** (m)	[ˈbaːnˌhoːf]

28. Stad. Het leven in de stad

stad (de)	**Stadt** (f)	[ʃtat]
hoofdstad (de)	**Hauptstadt** (f)	[ˈhaʊptˌʃtat]
dorp (het)	**Dorf** (n)	[dɔʁf]
plattegrond (de)	**Stadtplan** (m)	[ˈʃtatˌplaːn]
centrum (ov. een stad)	**Stadtzentrum** (n)	[ˈʃtatˌtsɛntʁʊm]
voorstad (de)	**Vorort** (m)	[ˈfoːɐˌʔɔʁt]
voorstads- (abn)	**Vorort-**	[ˈfoːɐˌʔɔʁt]
randgemeente (de)	**Stadtrand** (m)	[ˈʃtatˌʁant]
omgeving (de)	**Umgebung** (f)	[ʊmˈgeːbʊŋ]
blok (huizenblok)	**Stadtviertel** (n)	[ˈʃtatˌfɪʁtəl]
woonwijk (de)	**Wohnblock** (m)	[ˈvoːnˌblɔk]
verkeer (het)	**Straßenverkehr** (m)	[ˈʃtʁaːsənˌfɛɐˌkeːɐ]
verkeerslicht (het)	**Ampel** (f)	[ˈampəl]
openbaar vervoer (het)	**Stadtverkehr** (m)	[ˈʃtatˌfɛɐˈkeːɐ]
kruispunt (het)	**Straßenkreuzung** (f)	[ˈʃtʁaːsənˌkʁɔɪtsʊn]
zebrapad (oversteekplaats)	**Übergang** (m)	[ˈyːbɐˌgaŋ]
onderdoorgang (de)	**Fußgängerunterführung** (f)	[ˈfuːsˌgɛŋɐˈʊntɐˈfyːʁʊŋ]
oversteken (de straat ~)	**überqueren** (vt)	[yːbɐˈkveːʁən]
voetganger (de)	**Fußgänger** (m)	[ˈfuːsˌgɛŋɐ]
trottoir (het)	**Gehweg** (m)	[ˈgeːˌveːk]
brug (de)	**Brücke** (f)	[ˈbʁʏkə]
dijk (de)	**Kai** (m)	[kaɪ]
fontein (de)	**Springbrunnen** (m)	[ˈʃpʁɪŋˌbʁʊnən]
allee (de)	**Allee** (f)	[aˈleː]
park (het)	**Park** (m)	[paʁk]
boulevard (de)	**Boulevard** (m)	[buləˈvaːɐ]
plein (het)	**Platz** (m)	[plats]
laan (de)	**Avenue** (f)	[avəˈnyː]
straat (de)	**Straße** (f)	[ˈʃtʁaːsə]
zijstraat (de)	**Gasse** (f)	[ˈgasə]
doodlopende straat (de)	**Sackgasse** (f)	[ˈzakˌgasə]
huis (het)	**Haus** (n)	[haʊs]
gebouw (het)	**Gebäude** (n)	[gəˈbɔɪdə]
wolkenkrabber (de)	**Wolkenkratzer** (m)	[ˈvɔlkənˌkʁatsɐ]
gevel (de)	**Fassade** (f)	[faˈsaːdə]
dak (het)	**Dach** (n)	[dax]
venster (het)	**Fenster** (n)	[ˈfɛnstɐ]
boog (de)	**Bogen** (m)	[ˈboːgən]
pilaar (de)	**Säule** (f)	[ˈzɔɪlə]
hoek (ov. een gebouw)	**Ecke** (f)	[ˈɛkə]
vitrine (de)	**Schaufenster** (n)	[ˈʃaʊˌfɛnstɐ]
gevelreclame (de)	**Firmenschild** (n)	[ˈfɪʁmənˌʃɪlt]
affiche (de/het)	**Anschlag** (m)	[ˈanˌʃlaːk]
reclameposter (de)	**Werbeposter** (m)	[ˈvɛʁbəˌpoːstɐ]

aanplakbord (het)	Werbeschild (n)	['vɛʁbəʃɪlt]
vuilnis (de/het)	Müll (m)	[mʏl]
vuilnisbak (de)	Mülleimer (m)	['mʏl ˌʔaɪmɐ]
afval weggooien (ww)	Abfall wegwerfen	['apfal 'vɛk ˌvɛʁfən]
stortplaats (de)	Mülldeponie (f)	['mʏl·depoˌniː]

telefooncel (de)	Telefonzelle (f)	[teleˈfoːnˌtsɛlə]
straatlicht (het)	Straßenlaterne (f)	['ʃtʁaːsənˌlaˌtɛʁnə]
bank (de)	Bank (f)	[baŋk]

politieagent (de)	Polizist (m)	[poliˈtsɪst]
politie (de)	Polizei (f)	[ˌpoliˈtsaɪ]
zwerver (de)	Bettler (m)	['bɛtlɐ]
dakloze (de)	Obdachlose (m)	['ɔpdaxˌloːzə]

29. Stedelijke instellingen

winkel (de)	Laden (m)	['laːdən]
apotheek (de)	Apotheke (f)	[apoˈteːkə]
optiek (de)	Optik (f)	['ɔptɪk]
winkelcentrum (het)	Einkaufszentrum (n)	['aɪnkaʊfsˌtsɛntʁʊm]
supermarkt (de)	Supermarkt (m)	['zuːpɐˌmaʁkt]

bakkerij (de)	Bäckerei (f)	[ˌbɛkəˈʁaɪ]
bakker (de)	Bäcker (m)	['bɛkɐ]
banketbakkerij (de)	Konditorei (f)	[ˌkɔndito'ʁaɪ]
kruidenier (de)	Lebensmittelladen (m)	['leːbənsˌmɪtəl·laːdən]
slagerij (de)	Metzgerei (f)	[mɛtsgəˈʁaɪ]

| groentewinkel (de) | Gemüseladen (m) | [gəˈmyːzəˌlaːdən] |
| markt (de) | Markt (m) | [maʁkt] |

koffiehuis (het)	Kaffeehaus (n)	[kaˈfeːˌhaʊs]
restaurant (het)	Restaurant (n)	[ʁɛstoˈʁaŋ]
bar (de)	Bierstube (f)	['biːɐˌʃtuːbə]
pizzeria (de)	Pizzeria (f)	[pɪtseˈʁiːa]

kapperssalon (de/het)	Friseursalon (m)	[fʁiˈzøːɐˌzaˌlɔŋ]
postkantoor (het)	Post (f)	[pɔst]
stomerij (de)	chemische Reinigung (f)	[çeːmɪʃə ˈʁaɪnɪgʊŋ]
fotostudio (de)	Fotostudio (n)	['fotoˌʃtuːdɪo]

schoenwinkel (de)	Schuhgeschäft (n)	['ʃuːgəˌʃɛft]
boekhandel (de)	Buchhandlung (f)	['buːxˌhandlʊŋ]
sportwinkel (de)	Sportgeschäft (n)	['ʃpɔʁt·gəˈʃɛft]

kledingreparatie (de)	Kleiderreparatur (f)	['klaɪdɐˌʁepaʁaˈtuːɐ]
kledingverhuur (de)	Bekleidungsverleih (m)	[bəˈklaɪdʊŋsˌfɛɐˈlaɪ]
videotheek (de)	Videothek (f)	[videoˈteːk]

circus (de/het)	Zirkus (m)	['tsɪʁkʊs]
dierentuin (de)	Zoo (m)	['tsoː]
bioscoop (de)	Kino (n)	['kiːno]
museum (het)	Museum (n)	[muˈzeːʊm]

bibliotheek (de)	**Bibliothek** (f)	[biblio'te:k]
theater (het)	**Theater** (n)	[te'a:tɐ]
opera (de)	**Opernhaus** (n)	['o:pɐn̩ˌhaʊs]
nachtclub (de)	**Nachtklub** (m)	['naxtˌklʊp]
casino (het)	**Kasino** (n)	[ka'zi:no]
moskee (de)	**Moschee** (f)	[mɔ'ʃe:]
synagoge (de)	**Synagoge** (f)	[zyna'go:gə]
kathedraal (de)	**Kathedrale** (f)	[kate'dʀa:lə]
tempel (de)	**Tempel** (m)	['tɛmpəl]
kerk (de)	**Kirche** (f)	['kɪʀçə]
instituut (het)	**Institut** (n)	[ɪnsti'tu:t]
universiteit (de)	**Universität** (f)	[univɛʀzi'tɛ:t]
school (de)	**Schule** (f)	['ʃu:lə]
gemeentehuis (het)	**Präfektur** (f)	[pʀɛfɛk'tu:ɐ]
stadhuis (het)	**Rathaus** (n)	['ʀa:tˌhaʊs]
hotel (het)	**Hotel** (n)	[ho'tɛl]
bank (de)	**Bank** (f)	[baŋk]
ambassade (de)	**Botschaft** (f)	['bo:tʃaft]
reisbureau (de)	**Reisebüro** (n)	['ʀaɪzə·byˌʀo:]
informatieloket (het)	**Informationsbüro** (n)	[ɪnfɔʀma'tsjo:ns·byˌʀo:]
wisselkantoor (het)	**Wechselstube** (f)	['vɛksəlˌʃtu:bə]
metro (de)	**U-Bahn** (f)	['u:ba:n]
ziekenhuis (het)	**Krankenhaus** (n)	['kʀaŋkənˌhaʊs]
benzinestation (het)	**Tankstelle** (f)	['taŋkˌʃtɛlə]
parking (de)	**Parkplatz** (m)	['paʀkˌplats]

30. Borden

gevelreclame (de)	**Firmenschild** (n)	['fɪʀmənˌʃɪlt]
opschrift (het)	**Aufschrift** (f)	['aʊfˌʃʀɪft]
poster (de)	**Plakat** (n)	[pla'ka:t]
wegwijzer (de)	**Wegweiser** (m)	['vɛkˌvaɪzɐ]
pijl (de)	**Pfeil** (m)	[pfaɪl]
waarschuwing (verwittiging)	**Vorsicht** (f)	['fo:ɐˌzɪçt]
waarschuwingsbord (het)	**Warnung** (f)	['vaʀnʊŋ]
waarschuwen (ww)	**warnen** (vt)	['vaʀnən]
vrije dag (de)	**freier Tag** (m)	['fʀaɪɐ ta:k]
dienstregeling (de)	**Fahrplan** (m)	['fa:ɐˌpla:n]
openingsuren (mv.)	**Öffnungszeiten** (pl)	['œfnʊŋsˌtsaɪtən]
WELKOM!	**HERZLICH WILLKOMMEN!**	['hɛʀtslɪç vɪl'kɔmən]
INGANG	**EINGANG**	['aɪnˌgaŋ]
UITGANG	**AUSGANG**	['aʊsˌgaŋ]
DUWEN	**DRÜCKEN**	['dʀʏkən]
TREKKEN	**ZIEHEN**	['tsi:ən]

OPEN	GEÖFFNET	[gə'ʔœfnət]
GESLOTEN	GESCHLOSSEN	[gə'ʃlɔsən]
DAMES	DAMEN, FRAUEN	['daːmən], ['fʀaʋən]
HEREN	HERREN, MÄNNER	['hɛʀən], ['mɛnɐ]
KORTING	AUSVERKAUF	['aʊsfɛɐ̯ˌkaʊf]
UITVERKOOP	REDUZIERT	[ʀedu'tsiːɐt]
NIEUW!	NEU!	[nɔɪ]
GRATIS	GRATIS	['gʀaːtɪs]
PAS OP!	ACHTUNG!	['axtʊŋ]
VOLGEBOEKT	ZIMMER BELEGT	['tsɪmɐ bə'leːkt]
GERESERVEERD	RESERVIERT	[ʀezɛʁ'viːɐt]
ADMINISTRATIE	VERWALTUNG	[fɛɐ̯'valtʊŋ]
ALLEEN VOOR PERSONEEL	NUR FÜR PERSONAL	[nuːɐ fyːɐ pɛʁzo'naːl]
GEVAARLIJKE HOND	VORSICHT BISSIGER HUND	['foːɐ̯ˌzɪçt 'bɪsɪgɐ hʊnt]
VERBODEN TE ROKEN!	RAUCHEN VERBOTEN!	['ʀaʊχən fɛɐ'boːtən]
NIET AANRAKEN!	BITTE NICHT BERÜHREN	['bɪtə nɪçt bə'ʀyːʀən]
GEVAARLIJK	GEFÄHRLICH	[gə'fɛːɐlɪç]
GEVAAR	VORSICHT!	['foːɐ̯ˌzɪçt]
HOOGSPANNING	HOCHSPANNUNG	['hoːχˌʃpanʊŋ]
VERBODEN TE ZWEMMEN	BADEN VERBOTEN	['baːdən fɛɐ'boːtən]
BUITEN GEBRUIK	AUßER BETRIEB	[ˌaʊsɐ bə'tʀiːp]
ONTVLAMBAAR	LEICHTENTZÜNDLICH	['laɪçtʔɛn'tsʏntlɪç]
VERBODEN	VERBOTEN	[fɛɐ'boːtən]
DOORGANG VERBODEN	DURCHGANG VERBOTEN	['dʊʁçˌgaŋ fɛɐ'boːtən]
OPGELET PAS GEVERFD	FRISCH GESTRICHEN	[fʀɪʃ gə'ʃtʀɪçən]

31. Winkelen

kopen (ww)	**kaufen** (vt)	['kaʊfən]
aankoop (de)	**Einkauf** (m)	['aɪnˌkaʊf]
winkelen (ww)	**einkaufen gehen**	['aɪnˌkaʊfən 'geːən]
winkelen (het)	**Einkaufen** (n)	['aɪnˌkaʊfən]
open zijn (ov. een winkel, enz.)	**offen sein**	['ɔfən zaɪn]
gesloten zijn (ww)	**zu sein**	[tsu zaɪn]
schoeisel (het)	**Schuhe** (pl)	['ʃuːə]
kleren (mv.)	**Kleidung** (f)	['klaɪdʊŋ]
cosmetica (mv.)	**Kosmetik** (f)	[kɔs'meːtɪk]
voedingswaren (mv.)	**Lebensmittel** (pl)	['leːbənsˌmɪtəl]
geschenk (het)	**Geschenk** (n)	[gə'ʃɛŋk]
verkoper (de)	**Verkäufer** (m)	[fɛɐ'kɔɪfɐ]
verkoopster (de)	**Verkäuferin** (f)	[fɛɐ'kɔɪfəʀɪn]

kassa (de)	**Kasse** (f)	['kasə]
spiegel (de)	**Spiegel** (m)	['ʃpi:gəl]
toonbank (de)	**Ladentisch** (m)	['la:dən͵tɪʃ]
paskamer (de)	**Umkleidekabine** (f)	['ʊmklaɪdə·ka͵bi:nə]
aanpassen (ww)	**anprobieren** (vt)	['anpʀo͵bi:ʀən]
passen (ov. kleren)	**passen** (vi)	['pasən]
bevallen (prettig vinden)	**gefallen** (vi)	[gə'falən]
prijs (de)	**Preis** (m)	[pʀaɪs]
prijskaartje (het)	**Preisschild** (n)	['pʀaɪsʃɪlt]
kosten (ww)	**kosten** (vt)	['kɔstən]
Hoeveel?	**Wie viel?**	['vi: fi:l]
korting (de)	**Rabatt** (m)	[ʀa'bat]
niet duur (bn)	**preiswert**	['pʀaɪs͵ve:ɐt]
goedkoop (bn)	**billig**	['bɪlɪç]
duur (bn)	**teuer**	['tɔɪɐ]
Dat is duur.	**Das ist teuer**	[das is 'tɔɪɐ]
verhuur (de)	**Verleih** (m)	[fɛɐ'laɪ]
huren (smoking, enz.)	**ausleihen** (vt)	['aʊs͵laɪən]
krediet (het)	**Kredit** (m), **Darlehen** (n)	[kʀe'di:t], ['daʀ͵le:ən]
op krediet (bw)	**auf Kredit**	[aʊf kʀe'di:t]

KLEDING EN ACCESSOIRES

32. Bovenkleding. Jassen

kleren (mv.)	**Kleidung** (f)	['klaɪdʊŋ]
bovenkleding (de)	**Oberkleidung** (f)	['oːbɐˌklaɪdʊŋ]
winterkleding (de)	**Winterkleidung** (f)	['vɪntɐˌklaɪdʊŋ]
jas (de)	**Mantel** (m)	['mantəl]
bontjas (de)	**Pelzmantel** (m)	['pɛltsˌmantəl]
bontjasje (het)	**Pelzjacke** (f)	['pɛltsˌjakə]
donzen jas (de)	**Daunenjacke** (f)	['daʊnənˌjakə]
jasje (bijv. een leren ~)	**Jacke** (f)	['jakə]
regenjas (de)	**Regenmantel** (m)	['ʁeːgənˌmantəl]
waterdicht (bn)	**wasserdicht**	['vasɐˌdɪçt]

33. Heren & dames kleding

overhemd (het)	**Hemd** (n)	[hɛmt]
broek (de)	**Hose** (f)	['hoːzə]
jeans (de)	**Jeans** (f)	[dʒiːns]
colbert (de)	**Jackett** (n)	[ʒaˈkɛt]
kostuum (het)	**Anzug** (m)	['anˌtsuːk]
jurk (de)	**Kleid** (n)	[klaɪt]
rok (de)	**Rock** (m)	[ʁɔk]
blouse (de)	**Bluse** (f)	['bluːzə]
wollen vest (de)	**Strickjacke** (f)	['ʃtʁɪkˌjakə]
blazer (kort jasje)	**Jacke** (f)	['jakə]
T-shirt (het)	**T-Shirt** (n)	['tiːˌʃøːɐt]
shorts (mv.)	**Shorts** (pl)	[ʃɔʁts]
trainingspak (het)	**Sportanzug** (m)	['ʃpɔʁtˌantsuːk]
badjas (de)	**Bademantel** (m)	['baːdəˌmantəl]
pyjama (de)	**Schlafanzug** (m)	['ʃlaːfʔanˌtsuːk]
sweater (de)	**Sweater** (m)	['swɛtɐ]
pullover (de)	**Pullover** (m)	[pʊˈloːvɐ]
gilet (het)	**Weste** (f)	['vɛstə]
rokkostuum (het)	**Frack** (m)	[fʁak]
smoking (de)	**Smoking** (m)	['smoːkɪŋ]
uniform (het)	**Uniform** (f)	['uniˌfɔʁm]
werkkleding (de)	**Arbeitskleidung** (f)	['aʁbaɪtsˌklaɪdʊŋ]
overall (de)	**Overall** (m)	['oːvəʁal]
doktersjas (de)	**Kittel** (m)	['kɪtəl]

34. Kleding. Ondergoed

ondergoed (het)	**Unterwäsche** (f)	[ˈʊntɐˌvɛʃə]
herenslip (de)	**Herrenslip** (m)	[ˈhɛRənˌslɪp]
slipjes (mv.)	**Damenslip** (m)	[ˈdaːmənˌslɪp]
onderhemd (het)	**Unterhemd** (n)	[ˈʊntɐˌhɛmt]
sokken (mv.)	**Socken** (pl)	[ˈzɔkən]
nachthemd (het)	**Nachthemd** (n)	[ˈnaxtˌhɛmt]
beha (de)	**Büstenhalter** (m)	[ˈbystənˌhaltɐ]
kniekousen (mv.)	**Kniestrümpfe** (pl)	[ˈkniːˌʃtʀʏmpfə]
panty (de)	**Strumpfhose** (f)	[ˈʃtʀʊmpfˌhoːzə]
nylonkousen (mv.)	**Strümpfe** (pl)	[ˈʃtʀʏmpfə]
badpak (het)	**Badeanzug** (m)	[ˈbaːdəˌʔantsuːk]

35. Hoofddeksels

hoed (de)	**Mütze** (f)	[ˈmʏtsə]
deukhoed (de)	**Filzhut** (m)	[ˈfɪltsˌhuːt]
honkbalpet (de)	**Baseballkappe** (f)	[ˈbɛɪsbɔːlˌkapə]
kleppet (de)	**Schiebermütze** (f)	[ˈʃiːbɐˌmʏtsə]
baret (de)	**Baskenmütze** (f)	[ˈbaskənˌmʏtsə]
kap (de)	**Kapuze** (f)	[kaˈpuːtsə]
panamahoed (de)	**Panamahut** (m)	[ˈpanamaːˌhuːt]
gebreide muts (de)	**Strickmütze** (f)	[ˈʃtʀɪkˌmʏtsə]
hoofddoek (de)	**Kopftuch** (n)	[ˈkɔpfˌtuːx]
dameshoed (de)	**Damenhut** (m)	[ˈdaːmənˌhuːt]
veiligheidshelm (de)	**Schutzhelm** (m)	[ˈʃʊtsˌhɛlm]
veldmuts (de)	**Feldmütze** (f)	[ˈfɛltˌmʏtsə]
helm, valhelm (de)	**Helm** (m)	[hɛlm]
bolhoed (de)	**Melone** (f)	[meˈloːnə]
hoge hoed (de)	**Zylinder** (m)	[tsyˈlɪndɐ]

36. Schoeisel

schoeisel (het)	**Schuhe** (pl)	[ˈʃuːə]
schoenen (mv.)	**Stiefeletten** (pl)	[ʃtiːfəˈlɛtən]
vrouwenschoenen (mv.)	**Halbschuhe** (pl)	[ˈhalpʃuːə]
laarzen (mv.)	**Stiefel** (pl)	[ˈʃtiːfəl]
pantoffels (mv.)	**Hausschuhe** (pl)	[ˈhaʊsʃuːə]
sportschoenen (mv.)	**Tennisschuhe** (pl)	[ˈtɛnɪsʃuːə]
sneakers (mv.)	**Leinenschuhe** (pl)	[ˈlaɪnən·ʃuːə]
sandalen (mv.)	**Sandalen** (pl)	[zanˈdaːlən]
schoenlapper (de)	**Schuster** (m)	[ˈʃuːstɐ]
hiel (de)	**Absatz** (m)	[ˈapˌzats]

paar (een ~ schoenen)	Paar (n)	[pa:ɐ]
veter (de)	Schnürsenkel (m)	['ʃny:ɐˌsɛŋkəl]
rijgen (schoenen ~)	schnüren (vt)	['ʃny:ʀən]
schoenlepel (de)	Schuhlöffel (m)	['ʃu:ˌlœfəl]
schoensmeer (de/het)	Schuhcreme (f)	['ʃu:ˌkʀɛ:m]

37. Persoonlijke accessoires

handschoenen (mv.)	Handschuhe (pl)	['hantʃu:ə]
wanten (mv.)	Fausthandschuhe (pl)	['faʊst·hantˌʃu:ə]
sjaal (fleece ~)	Schal (m)	[ʃa:l]
bril (de)	Brille (f)	['bʀɪlə]
brilmontuur (het)	Brillengestell (n)	['bʀɪlən·gə'ʃtɛl]
paraplu (de)	Regenschirm (m)	['ʀe:gənˌʃɪʀm]
wandelstok (de)	Spazierstock (m)	[ʃpa'tsi:ɐˌʃtɔk]
haarborstel (de)	Haarbürste (f)	['ha:ɐˌbyʀstə]
waaier (de)	Fächer (m)	['fɛçɐ]
das (de)	Krawatte (f)	[kʀa'vatə]
strikje (het)	Fliege (f)	['fli:gə]
bretels (mv.)	Hosenträger (pl)	['ho:zənˌtʀɛ:gɐ]
zakdoek (de)	Taschentuch (n)	['taʃənˌtu:χ]
kam (de)	Kamm (m)	[kam]
haarspeldje (het)	Haarspange (f)	['ha:ɐˌʃpaŋə]
schuifspeldje (het)	Haarnadel (f)	['ha:ɐˌna:dəl]
gesp (de)	Schnalle (f)	['ʃnalə]
broekriem (de)	Gürtel (m)	['gyʀtəl]
draagriem (de)	Umhängegurt (m)	['ʊmhɛŋəˌgʊʀt]
handtas (de)	Tasche (f)	['taʃə]
damestas (de)	Handtasche (f)	['hantˌtaʃə]
rugzak (de)	Rucksack (m)	['ʀʊkˌzak]

38. Kleding. Diversen

mode (de)	Mode (f)	['mo:də]
de mode (bn)	modisch	['mo:dɪʃ]
kledingstilist (de)	Modedesigner (m)	['mo:də·di'zaɪnɐ]
kraag (de)	Kragen (m)	['kʀa:gən]
zak (de)	Tasche (f)	['taʃə]
zak- (abn)	Taschen-	['taʃən]
mouw (de)	Ärmel (m)	['ɛʀməl]
lusje (het)	Aufhänger (m)	['aʊfˌhɛŋɐ]
gulp (de)	Hosenschlitz (m)	['ho:zənʃlɪts]
rits (de)	Reißverschluss (m)	['ʀaɪs·fɛɐˌʃlʊs]
sluiting (de)	Verschluss (m)	[fɛɐˈʃlʊs]
knoop (de)	Knopf (m)	[knɔpf]

knoopsgat (het)	**Knopfloch** (n)	['knɔpf‚lɔx]
losraken (bijv. knopen)	**abgehen** (vi)	['ap‚ge:ən]

naaien (kleren, enz.)	**nähen** (vi, vt)	['nɛ:ən]
borduren (ww)	**sticken** (vt)	['ʃtɪkən]
borduursel (het)	**Stickerei** (f)	[ʃtɪkə'ʀaɪ]
naald (de)	**Nadel** (f)	['na:dəl]
draad (de)	**Faden** (m)	['fa:dən]
naad (de)	**Naht** (f)	[na:t]

vies worden (ww)	**sich beschmutzen**	[zɪç bə'ʃmʊtsən]
vlek (de)	**Fleck** (m)	[flɛk]
gekreukt raken (ov. kleren)	**sich knittern**	[zɪç 'knɪtɐn]
scheuren (ov.ww.)	**zerreißen** (vt)	[tsɛɐ'ʀaɪsən]
mot (de)	**Motte** (f)	['mɔtə]

39. Persoonlijke verzorging. Schoonheidsmiddelen

tandpasta (de)	**Zahnpasta** (f)	['tsa:n‚pasta]
tandenborstel (de)	**Zahnbürste** (f)	['tsa:n‚bYʀstə]
tanden poetsen (ww)	**Zähne putzen**	['tsɛ:nə 'pʊtsən]

scheermes (het)	**Rasierer** (m)	[ʀa'zi:ʀɐ]
scheerschuim (het)	**Rasiercreme** (f)	[ʀa'zi:ɐ‚kʀɛ:m]
zich scheren (ww)	**sich rasieren**	[zɪç ʀa'zi:ʀən]

zeep (de)	**Seife** (f)	['zaɪfə]
shampoo (de)	**Shampoo** (n)	['ʃampu]

schaar (de)	**Schere** (f)	['ʃe:ʀə]
nagelvijl (de)	**Nagelfeile** (f)	['na:gəl‚faɪlə]
nagelknipper (de)	**Nagelzange** (f)	['na:gəl‚tsaŋə]
pincet (het)	**Pinzette** (f)	[pɪn'tsɛtə]

cosmetica (mv.)	**Kosmetik** (f)	[kɔs'me:tɪk]
masker (het)	**Gesichtsmaske** (f)	[gə'zɪçts‚maskə]
manicure (de)	**Maniküre** (f)	[mani'ky:ʀə]
manicure doen	**Maniküre machen**	[mani'ky:ʀə 'maxən]
pedicure (de)	**Pediküre** (f)	[pedi'ky:ʀə]

cosmetica tasje (het)	**Kosmetiktasche** (f)	[kɔs'me:tɪk‚taʃə]
poeder (de/het)	**Puder** (m)	['pu:dɐ]
poederdoos (de)	**Puderdose** (f)	['pu:dɐ‚do:zə]
rouge (de)	**Rouge** (n)	[ʀu:ʒ]

parfum (de/het)	**Parfüm** (n)	[paʀ'fy:m]
eau de toilet (de)	**Duftwasser** (n)	['dʊft‚vasɐ]
lotion (de)	**Lotion** (f)	[lo'tsjo:n]
eau de cologne (de)	**Kölnischwasser** (n)	['kœlnɪʃ‚vasɐ]

oogschaduw (de)	**Lidschatten** (m)	['li:tʃatən]
oogpotlood (het)	**Kajalstift** (m)	[ka'ja:l‚ʃtɪft]
mascara (de)	**Wimperntusche** (f)	['vɪmpɐn‚tuʃə]
lippenstift (de)	**Lippenstift** (m)	['lɪpənʃtɪft]

nagellak (de)	**Nagellack** (m)	['naːɡəlˌlak]
haarlak (de)	**Haarlack** (m)	['haːɐˌlak]
deodorant (de)	**Deodorant** (n)	[deodo'ʀant]

crème (de)	**Creme** (f)	[kʀɛːm]
gezichtscrème (de)	**Gesichtscreme** (f)	[ɡəˈzɪçtsˌkʀɛːm]
handcrème (de)	**Handcreme** (f)	['hantˌkʀɛːm]
antirimpelcrème (de)	**Anti-Falten-Creme** (f)	[ˌantiˈfaltən·kʀɛːm]
dagcrème (de)	**Tagescreme** (f)	['taːɡəsˌkʀɛːm]
nachtcrème (de)	**Nachtcreme** (f)	['naχtˌkʀɛːm]
dag- (abn)	**Tages-**	['taːɡəs]
nacht- (abn)	**Nacht-**	[naχt]

tampon (de)	**Tampon** (m)	['tampoːn]
toiletpapier (het)	**Toilettenpapier** (n)	[toaˈlɛtən·paˌpiːɐ]
föhn (de)	**Föhn** (m)	['føːn]

40. Horloges. Klokken

polshorloge (het)	**Armbanduhr** (f)	['aʁmbantˌʔuːɐ]
wijzerplaat (de)	**Zifferblatt** (n)	['tsɪfɐˌblat]
wijzer (de)	**Zeiger** (m)	['tsaɪɡɐ]
metalen horlogeband (de)	**Metallarmband** (n)	[meˈtalˌʔaʁmbant]
horlogebandje (het)	**Uhrenarmband** (n)	['uːʀənˌʔaʁmbant]

batterij (de)	**Batterie** (f)	[batəˈʀiː]
leeg zijn (ww)	**verbraucht sein**	[fɛɐˈbʀauχt zaɪn]
batterij vervangen	**die Batterie wechseln**	[di batəˈʀiː ˈvɛksəln]
voorlopen (ww)	**vorgehen** (vi)	['foːɐˌɡeːən]
achterlopen (ww)	**nachgehen** (vi)	['naːχˌɡeːən]

wandklok (de)	**Wanduhr** (f)	['vantˌʔuːɐ]
zandloper (de)	**Sanduhr** (f)	['zantˌʔuːɐ]
zonnewijzer (de)	**Sonnenuhr** (f)	['zɔnənˌʔuːɐ]
wekker (de)	**Wecker** (m)	['vɛkɐ]
horlogemaker (de)	**Uhrmacher** (m)	['uːɐˌmaχɐ]
repareren (ww)	**reparieren** (vt)	[ʀepaˈʀiːʀən]

ALLEDAAGSE ERVARING

41. Geld

geld (het)	**Geld** (n)	[gɛlt]
ruil (de)	**Austausch** (m)	[ˈaʊsˌtaʊʃ]
koers (de)	**Kurs** (m)	[kʊʁs]
geldautomaat (de)	**Geldautomat** (m)	[ˈgɛlt?aʊtoˌmaːt]
muntstuk (de)	**Münze** (f)	[ˈmʏntsə]

dollar (de)	**Dollar** (m)	[ˈdɔlaʁ]
euro (de)	**Euro** (m)	[ˈɔɪʀo]

lire (de)	**Lira** (f)	[ˈliːʀa]
Duitse mark (de)	**Mark** (f)	[maʁk]
frank (de)	**Franken** (m)	[ˈfʀaŋkən]
pond sterling (het)	**Pfund Sterling** (n)	[pfʊnt ˈʃtɛʁlɪŋ]
yen (de)	**Yen** (m)	[jɛn]

schuld (geldbedrag)	**Schulden** (pl)	[ˈʃʊldən]
schuldenaar (de)	**Schuldner** (m)	[ˈʃʊldnɐ]
uitlenen (ww)	**leihen** (vt)	[ˈlaɪən]
lenen (geld ~)	**ausleihen** (vt)	[ˈaʊsˌlaɪən]

bank (de)	**Bank** (f)	[baŋk]
bankrekening (de)	**Konto** (n)	[ˈkɔnto]
storten (ww)	**einzahlen** (vt)	[ˈaɪnˌtsaːlən]
op rekening storten	**auf ein Konto einzahlen**	[aʊf aɪn ˈkɔnto ˈaɪnˌtsaːlən]
opnemen (ww)	**abheben** (vt)	[ˈapˌheːbən]

kredietkaart (de)	**Kreditkarte** (f)	[kʀeˈdiːtˌkaʁtə]
baar geld (het)	**Bargeld** (n)	[ˈbaːɐˌgɛlt]
cheque (de)	**Scheck** (m)	[ʃɛk]
een cheque uitschrijven	**einen Scheck schreiben**	[ˈaɪnən ʃɛk ˈʃʀaɪbn]
chequeboekje (het)	**Scheckbuch** (n)	[ˈʃɛkˌbuːx]

portefeuille (de)	**Geldtasche** (f)	[ˈgɛltˌtaʃə]
geldbeugel (de)	**Geldbeutel** (m)	[ˈgɛltˌbɔɪtəl]
safe (de)	**Safe** (m)	[sɛɪf]

erfgenaam (de)	**Erbe** (m)	[ˈɛʁbə]
erfenis (de)	**Erbschaft** (f)	[ˈɛʁpʃaft]
fortuin (het)	**Vermögen** (n)	[fɛɐˈmøːgən]

huur (de)	**Pacht** (f)	[paχt]
huurprijs (de)	**Miete** (f)	[ˈmiːtə]
huren (huis, kamer)	**mieten** (vt)	[ˈmiːtən]

prijs (de)	**Preis** (m)	[pʀaɪs]
kostprijs (de)	**Kosten** (pl)	[ˈkɔstən]

som (de)	Summe (f)	['zʊmə]
uitgeven (geld besteden)	ausgeben (vt)	['aʊsˌgeːbən]
kosten (mv.)	Ausgaben (pl)	['aʊsˌgaːbən]
bezuinigen (ww)	sparen (vt)	['ʃpaːʀən]
zuinig (bn)	sparsam	['ʃpaːɛzaːm]
betalen (ww)	zahlen (vt)	['tsaːlən]
betaling (de)	Lohn (m)	[loːn]
wisselgeld (het)	Wechselgeld (n)	['vɛksəlˌgɛlt]
belasting (de)	Steuer (f)	['ʃtɔɪɐ]
boete (de)	Geldstrafe (f)	['gɛltˌʃtʀaːfə]
beboeten (bekeuren)	bestrafen (vt)	[bə'ʃtʀaːfən]

42. Post. Postkantoor

postkantoor (het)	Post (f)	[pɔst]
post (de)	Post (f)	[pɔst]
postbode (de)	Briefträger (m)	['bʀiːfˌtʀɛːgɐ]
openingsuren (mv.)	Öffnungszeiten (pl)	['œfnʊŋsˌtsaɪtən]
brief (de)	Brief (m)	[bʀiːf]
aangetekende brief (de)	Einschreibebrief (m)	['aɪnʃʀaɪbəˌbʀiːf]
briefkaart (de)	Postkarte (f)	['pɔstˌkaʁtə]
telegram (het)	Telegramm (n)	[tele'gʀam]
postpakket (het)	Postpaket (n)	['pɔst-paˈkeːt]
overschrijving (de)	Geldanweisung (f)	['gɛltˌanvaɪzʊŋ]
ontvangen (ww)	bekommen (vt)	[bə'kɔmən]
sturen (zenden)	abschicken (vt)	['apˌʃɪkən]
verzending (de)	Absendung (f)	['apˌzɛndʊŋ]
adres (het)	Postanschrift (f)	['pɔstˌanʃʀɪft]
postcode (de)	Postleitzahl (f)	['pɔstlaɪtˌtsaːl]
verzender (de)	Absender (m)	['apˌzɛndɐ]
ontvanger (de)	Empfänger (m)	[ɛm'pfɛŋɐ]
naam (de)	Vorname (m)	['foːɐˌnaːmə]
achternaam (de)	Nachname (m)	['naːχˌnaːmə]
tarief (het)	Tarif (m)	[ta'ʀiːf]
standaard (bn)	Standard-	['standaʁt]
zuinig (bn)	Spar-	['ʃpaːɐ]
gewicht (het)	Gewicht (n)	[gə'vɪçt]
afwegen (op de weegschaal)	abwiegen (vt)	['apˌviːgən]
envelop (de)	Briefumschlag (m)	['bʀiːfʔʊmˌʃlaːk]
postzegel (de)	Briefmarke (f)	['bʀiːfˌmaʁkə]
een postzegel plakken op	Briefmarke aufkleben	['bʀiːfˌmaʁkə 'aʊfˌkleːbən]

43. Bankieren

bank (de)	Bank (f)	[baŋk]
bankfiliaal (het)	Filiale (f)	[fi'lɪaːlə]

bankbediende (de)	**Berater** (m)	[bə'ʀaːtɐ]
manager (de)	**Leiter** (m)	['laɪtɐ]
bankrekening (de)	**Konto** (n)	['kɔnto]
rekeningnummer (het)	**Kontonummer** (f)	['kɔnto͵nʊmɐ]
lopende rekening (de)	**Kontokorrent** (n)	[kɔnto·kɔ'ʀɛnt]
spaarrekening (de)	**Sparkonto** (n)	['ʃpaːɐ̯͵kɔnto]
een rekening openen	ein Konto eröffnen	[aɪn 'kɔnto ɛɐ'ʔœfnən]
de rekening sluiten	das Konto schließen	[das 'kɔnto 'ʃliːsən]
op rekening storten	auf ein Konto einzahlen	[aʊf aɪn 'kɔnto 'aɪn͵tsaːlən]
opnemen (ww)	abheben (vt)	['ap͵heːbən]
storting (de)	**Einzahlung** (f)	['aɪn͵tsaːlʊŋ]
een storting maken	eine Einzahlung machen	['aɪnə 'aɪn͵tsaːlʊŋ 'maxən]
overschrijving (de)	**Überweisung** (f)	[͵yːbɐ'vaɪzən]
een overschrijving maken	überweisen (vt)	[͵yːbɐ'vaɪzən]
som (de)	**Summe** (f)	['zʊmə]
Hoeveel?	Wie viel?	['viː fiːl]
handtekening (de)	**Unterschrift** (f)	['ʊntɐʃʀɪft]
ondertekenen (ww)	unterschreiben (vt)	[͵ʊntɐ'ʃʀaɪbən]
kredietkaart (de)	**Kreditkarte** (f)	[kʀe'diːt͵kaʀtə]
code (de)	**Code** (m)	[koːt]
kredietkaartnummer (het)	**Kreditkartennummer** (f)	[kʀe'diːt͵kaʀtə'nʊmɐ]
geldautomaat (de)	**Geldautomat** (m)	['gɛltʔaʊto͵maːt]
cheque (de)	**Scheck** (m)	[ʃɛk]
een cheque uitschrijven	einen Scheck schreiben	['aɪnən ʃɛk 'ʃʀaɪbn]
chequeboekje (het)	**Scheckbuch** (n)	['ʃɛk͵buːx]
lening, krediet (de)	**Darlehen** (m)	['daʀ͵leːən]
een lening aanvragen	ein Darlehen beantragen	[aɪn 'daʀ͵leːən bə'ʔantʀaːgən]
een lening nemen	ein Darlehen aufnehmen	[aɪn daʀ͵leːən 'aʊf͵neːmən]
een lening verlenen	ein Darlehen geben	[aɪn 'daʀ͵leːən 'geːbən]
garantie (de)	**Sicherheit** (f)	['zɪçɐhaɪt]

44. Telefoon. Telefoongesprek

telefoon (de)	**Telefon** (n)	[teleˈfoːn]
mobieltje (het)	**Mobiltelefon** (n)	[moˈbiːl·teleˌfoːn]
antwoordapparaat (het)	**Anrufbeantworter** (m)	['anʀuːfbə·ant͵vɔʀtɐ]
bellen (ww)	**anrufen** (vt)	['an͵ʀuːfən]
belletje (telefoontje)	**Anruf** (m)	['an͵ʀuːf]
een nummer draaien	eine Nummer wählen	['aɪnə 'nʊmɐ 'vɛːlən]
Hallo!	Hallo!	[haˈloː]
vragen (ww)	fragen (vt)	['fʀaːgən]
antwoorden (ww)	antworten (vi)	['ant͵vɔʀtən]
horen (ww)	hören (vt)	['høːʀən]
goed (bw)	gut	[guːt]

| slecht (bw) | schlecht | [ʃlɛçt] |
| storingen (mv.) | Störungen (pl) | [ˈʃtøːʁʊŋən] |

hoorn (de)	Hörer (m)	[ˈhøːʁɐ]
opnemen (ww)	den Hörer abnehmen	[den ˈhøːʁɐ ˈapˌneːmən]
ophangen (ww)	auflegen (vt)	[ˈaʊfˌleːɡən]

bezet (bn)	besetzt	[bəˈzɛtst]
overgaan (ww)	läuten (vi)	[ˈlɔɪtən]
telefoonboek (het)	Telefonbuch (n)	[teleˈfoːnˌbuːχ]

lokaal (bn)	Orts-	[ɔʁts]
lokaal gesprek (het)	Ortsgespräch	[ɔʁtsˌɡəˈʃpʁɛːç]
interlokaal (bn)	Fern-	[ˈfɛʁn]
interlokaal gesprek (het)	Ferngespräch	[ˈfɛʁnˌɡəˈʃpʁɛːç]
buitenlands (bn)	Auslands-	[ˈaʊslants]
buitenlands gesprek (het)	Auslandsgespräch	[ˈaʊslantsˌɡəˈʃpʁɛːç]

45. Mobiele telefoon

mobieltje (het)	Mobiltelefon (n)	[moˈbiːlˈteleˌfoːn]
scherm (het)	Display (n)	[dɪsˈpleː]
toets, knop (de)	Knopf (m)	[knɔpf]
simkaart (de)	SIM-Karte (f)	[ˈzɪmˌkaʁtə]

batterij (de)	Batterie (f)	[batəˈʁiː]
leeg zijn (ww)	leer sein	[leːɐ zaɪn]
acculader (de)	Ladegerät (n)	[ˈlaːdəˌɡəˈʁɛːt]

menu (het)	Menü (n)	[meˈnyː]
instellingen (mv.)	Einstellungen (pl)	[ˈaɪnʃtɛlʊŋən]
melodie (beltoon)	Melodie (f)	[meloˈdiː]
selecteren (ww)	auswählen (vt)	[ˈaʊsˌvɛːlən]

rekenmachine (de)	Rechner (m)	[ˈʁɛçnɐ]
voicemail (de)	Anrufbeantworter (m)	[ˈanʁuːfbəˌantˌvɔʁtɐ]
wekker (de)	Wecker (m)	[ˈvɛkɐ]
contacten (mv.)	Kontakte (pl)	[kɔnˈtaktə]

| SMS-bericht (het) | SMS-Nachricht (f) | [ɛsʔɛmˈʔɛs ˈnaːχˌʁɪçt] |
| abonnee (de) | Teilnehmer (m) | [ˈtaɪlˌneːmɐ] |

46. Schrijfbehoeften

| balpen (de) | Kugelschreiber (m) | [ˈkuːɡəlˌʃʁaɪbɐ] |
| vulpen (de) | Federhalter (m) | [ˈfeːdɐˌhaltɐ] |

potlood (het)	Bleistift (m)	[ˈblaɪˌʃtɪft]
marker (de)	Faserschreiber (m)	[ˈfaːzəˌʃʁaɪbɐ]
viltstift (de)	Filzstift (m)	[ˈfɪltsˌʃtɪft]
notitieboekje (het)	Notizblock (m)	[noˈtiːtsˌblɔk]
agenda (boekje)	Terminkalender (m)	[tɛʁˈmiːnkaˌlɛndɐ]

liniaal (de/het)	Lineal (n)	[line'a:l]
rekenmachine (de)	Rechner (m)	[ˈʀɛçnɐ]
gom (de)	Radiergummi (m)	[ʀaˈdiːɐˌɡʊmi]
punaise (de)	Reißzwecke (f)	[ˈʀaɪsˌtsvɛkə]
paperclip (de)	Heftklammer (f)	[ˈhɛftˌklamɐ]
lijm (de)	Klebstoff (m)	[ˈkleːpʃtɔf]
nietmachine (de)	Hefter (m)	[ˈhɛftɐ]
perforator (de)	Locher (m)	[ˈlɔχɐ]
potloodslijper (de)	Bleistiftspitzer (m)	[ˈblaɪʃtɪftˌʃpɪtsɐ]

47. Vreemde talen

taal (de)	Sprache (f)	[ˈʃpʀaːχə]
vreemd (bn)	Fremd-	[ˈfʀɛmt]
vreemde taal (de)	Fremdsprache (f)	[ˈfʀɛmtˌʃpʀaːχə]
leren (bijv. van buiten ~)	studieren (vt)	[ʃtuˈdiːʀən]
studeren (Nederlands ~)	lernen (vt)	[ˈlɛʀnən]
lezen (ww)	lesen (vi, vt)	[ˈleːzən]
spreken (ww)	sprechen (vi, vt)	[ˈʃpʀɛçən]
begrijpen (ww)	verstehen (vt)	[fɛɐ̯ˈʃteːən]
schrijven (ww)	schreiben (vi, vt)	[ˈʃʀaɪbən]
snel (bw)	schnell	[ʃnɛl]
langzaam (bw)	langsam	[ˈlaŋzaːm]
vloeiend (bw)	fließend	[ˈfliːsənt]
regels (mv.)	Regeln (pl)	[ˈʀeːɡəln]
grammatica (de)	Grammatik (f)	[ɡʀaˈmatɪk]
vocabulaire (het)	Vokabular (n)	[vokabuˈlaːɐ̯]
fonetiek (de)	Phonetik (f)	[foːˈneːtɪk]
leerboek (het)	Lehrbuch (n)	[ˈleːɐ̯ˌbuːχ]
woordenboek (het)	Wörterbuch (n)	[ˈvœʁtɐˌbuːχ]
leerboek (het) voor zelfstudie	Selbstlernbuch (n)	[ˈzɛlpstˌlɛʀnbuːχ]
taalgids (de)	Sprachführer (m)	[ˈʃpʀaːχˌfyːʀɐ]
cassette (de)	Kassette (f)	[kaˈsɛtə]
videocassette (de)	Videokassette (f)	[ˈviːdeoˑkaˈsɛtə]
CD (de)	CD (f)	[tseːˈdeː]
DVD (de)	DVD (f)	[defaʊˈdeː]
alfabet (het)	Alphabet (n)	[alfaˈbeːt]
spellen (ww)	buchstabieren (vt)	[ˌbuːχʃtaˈbiːʀən]
uitspraak (de)	Aussprache (f)	[ˈaʊsˌʃpʀaːχə]
accent (het)	Akzent (m)	[akˈtsɛnt]
met een accent (bw)	mit Akzent	[mɪt akˈtsɛnt]
zonder accent (bw)	ohne Akzent	[ˈoːnə akˈtsɛnt]
woord (het)	Wort (n)	[vɔʁt]
betekenis (de)	Bedeutung (f)	[bəˈdɔɪtʊŋ]
cursus (de)	Kurse (pl)	[ˈkʊʁzə]

| zich inschrijven (ww) | sich einschreiben | [zɪç 'aɪnʃʀaɪbən] |
| leraar (de) | **Lehrer** (m) | ['leːʀɐ] |

vertaling (een ~ maken)	**Übertragung** (f)	[ˌyːbɐ'tʀaːgʊŋ]
vertaling (tekst)	**Übersetzung** (f)	[ˌyːbɐ'zɛtsʊŋ]
vertaler (de)	**Übersetzer** (m)	[ˌyːbɐ'zɛtsɐ]
tolk (de)	**Dolmetscher** (m)	['dɔlmɛtʃɐ]

| polyglot (de) | **Polyglott** (m, f) | [poly'glɔt] |
| geheugen (het) | **Gedächtnis** (n) | [gə'dɛçtnɪs] |

MAALTIJDEN. RESTAURANT

48. Tafelschikking

lepel (de)	Löffel (m)	['lœfəl]
mes (het)	Messer (n)	['mɛsɐ]
vork (de)	Gabel (f)	[ɡaːbəl]
kopje (het)	Tasse (f)	['tasə]
bord (het)	Teller (m)	['tɛlɐ]
schoteltje (het)	Untertasse (f)	['ʊntɐˌtasə]
servet (het)	Serviette (f)	[zɛʁ'vɪɛtə]
tandenstoker (de)	Zahnstocher (m)	['tsaːnˌʃtɔχɐ]

49. Restaurant

restaurant (het)	Restaurant (n)	[ʀɛstoˈʀaŋ]
koffiehuis (het)	Kaffeehaus (n)	[kaˈfeːˌhaʊs]
bar (de)	Bar (f)	[baːɐ]
tearoom (de)	Teesalon (m)	['teːˑzaˈlɔn]
kelner, ober (de)	Kellner (m)	['kɛlnɐ]
serveerster (de)	Kellnerin (f)	['kɛlnəʀɪn]
barman (de)	Barmixer (m)	['baːɐˌmɪksɐ]
menu (het)	Speisekarte (f)	['ʃpaɪzəˌkaʁtə]
wijnkaart (de)	Weinkarte (f)	['vaɪnˌkaʁtə]
een tafel reserveren	einen Tisch reservieren	['aɪnən tɪʃ ʀezɛʁ'viːʀən]
gerecht (het)	Gericht (n)	[ɡəˈʀɪçt]
bestellen (eten ~)	bestellen (vt)	[bəˈʃtɛlən]
een bestelling maken	eine Bestellung aufgeben	['aɪnə bəˈʃtɛlʊŋ 'aʊfˌɡeːbən]
aperitief (de/het)	Aperitif (m)	[apeʀiˈtiːf]
voorgerecht (het)	Vorspeise (f)	['foːɐˌʃpaɪzə]
dessert (het)	Nachtisch (m)	['naːχˌtɪʃ]
rekening (de)	Rechnung (f)	['ʀɛçnʊŋ]
de rekening betalen	Rechnung bezahlen	['ʀɛçnʊŋ bəˈtsaːlən]
wisselgeld teruggeven	das Wechselgeld geben	[das 'vɛksəlˌɡɛlt 'ɡeːbən]
fooi (de)	Trinkgeld (n)	['tʀɪŋkˌɡɛlt]

50. Maaltijden

eten (het)	Essen (n)	['ɛsən]
eten (ww)	essen (vi, vt)	['ɛsən]

ontbijt (het)	Frühstück (n)	['fʀyːʃtʏk]
ontbijten (ww)	frühstücken (vi)	['fʀyːʃtʏkən]
lunch (de)	Mittagessen (n)	['mɪtaːkˌʔɛsən]
lunchen (ww)	zu Mittag essen	[tsu 'mɪtaːk 'ɛsən]
avondeten (het)	Abendessen (n)	['aːbəntˌʔɛsən]
souperen (ww)	zu Abend essen	[tsu 'aːbənt 'ɛsən]
eetlust (de)	Appetit (m)	[ape'tiːt]
Eet smakelijk!	Guten Appetit!	[ˌgutən ˌʔapə'tiːt]
openen (een fles ~)	öffnen (vt)	['œfnən]
morsen (koffie, enz.)	verschütten (vt)	[fɛɐ'ʃʏtən]
zijn gemorst	verschüttet werden	[fɛɐ'ʃʏtət 'veːɐdən]
koken (water kookt bij 100°C)	kochen (vi)	['kɔχən]
koken (Hoe om water te ~)	kochen (vt)	['kɔχən]
gekookt (~ water)	gekocht	[gə'kɔχt]
afkoelen (koeler maken)	kühlen (vt)	['kyːlən]
afkoelen (koeler worden)	abkühlen (vi)	['apˌkyːlən]
smaak (de)	Geschmack (m)	[gə'ʃmak]
nasmaak (de)	Beigeschmack (m)	['baɪgəˌʃmak]
volgen een dieet	auf Diät sein	[aʊf di'ɛːt zaɪn]
dieet (het)	Diät (f)	[di'ɛːt]
vitamine (de)	Vitamin (n)	[vita'miːn]
calorie (de)	Kalorie (f)	[kalo'ʀiː]
vegetariër (de)	Vegetarier (m)	[vege'taːʀɪɐ]
vegetarisch (bn)	vegetarisch	[vege'taːʀɪʃ]
vetten (mv.)	Fett (n)	[fɛt]
eiwitten (mv.)	Protein (n)	[pʀote'iːn]
koolhydraten (mv.)	Kohlenhydrat (n)	['koːlənhyˌdʀaːt]
snede (de)	Scheibchen (n)	['ʃaɪpçən]
stuk (bijv. een ~ taart)	Stück (n)	[ʃtʏk]
kruimel (de)	Krümel (m)	['kʀyːməl]

51. Bereide gerechten

gerecht (het)	Gericht (n)	[gə'ʀɪçt]
keuken (bijv. Franse ~)	Küche (f)	['kʏçə]
recept (het)	Rezept (n)	[ʀe'tsɛpt]
portie (de)	Portion (f)	[pɔʀ'tsjoːn]
salade (de)	Salat (m)	[za'laːt]
soep (de)	Suppe (f)	['zʊpə]
bouillon (de)	Brühe (f), Bouillon (f)	['bʀyːə], [bul'jɔŋ]
boterham (de)	belegtes Brot (n)	[bə'leːktəs bʀoːt]
spiegelei (het)	Spiegelei (n)	['ʃpiːgəlˌʔaɪ]
hamburger (de)	Hamburger (m)	['hamˌbʊʀgɐ]
biefstuk (de)	Beefsteak (n)	['biːfˌʃteːk]
garnering (de)	Beilage (f)	['baɪˌlaːgə]

spaghetti (de)	**Spaghetti** (pl)	[ʃpaˈgɛti]
aardappelpuree (de)	**Kartoffelpüree** (n)	[kaʁˈtɔfəlˌpyˌʁeː]
pizza (de)	**Pizza** (f)	[ˈpɪtsa]
pap (de)	**Brei** (m)	[bʀaɪ]
omelet (de)	**Omelett** (n)	[ɔmˈlɛt]
gekookt (in water)	**gekocht**	[gəˈkɔχt]
gerookt (bn)	**geräuchert**	[gəˈʀɔɪçet]
gebakken (bn)	**gebraten**	[gəˈbʀaːtən]
gedroogd (bn)	**getrocknet**	[gəˈtʀɔknət]
diepvries (bn)	**tiefgekühlt**	[ˈtiːfgəˌkyːlt]
gemarineerd (bn)	**mariniert**	[maʀiˈniːet]
zoet (bn)	**süß**	[zyːs]
gezouten (bn)	**salzig**	[ˈzaltsɪç]
koud (bn)	**kalt**	[kalt]
heet (bn)	**heiß**	[haɪs]
bitter (bn)	**bitter**	[ˈbɪtə]
lekker (bn)	**lecker**	[ˈlɛkɐ]
koken (in kokend water)	**kochen** (vt)	[ˈkɔχən]
bereiden (avondmaaltijd ~)	**zubereiten** (vt)	[ˈtsuːbəˌʀaɪtən]
bakken (ww)	**braten** (vt)	[ˈbʀaːtən]
opwarmen (ww)	**aufwärmen** (vt)	[ˈaʊfˌvɛʁmən]
zouten (ww)	**salzen** (vt)	[ˈzaltsən]
peperen (ww)	**pfeffern** (vt)	[ˈpfɛfɐn]
raspen (ww)	**reiben** (vt)	[ˈʀaɪbən]
schil (de)	**Schale** (f)	[ˈʃaːlə]
schillen (ww)	**schälen** (vt)	[ˈʃɛːlən]

52. Voedsel

vlees (het)	**Fleisch** (n)	[flaɪʃ]
kip (de)	**Hühnerfleisch** (n)	[ˈhyːnɐˌflaɪʃ]
kuiken (het)	**Küken** (n)	[ˈkyːkən]
eend (de)	**Ente** (f)	[ˈɛntə]
gans (de)	**Gans** (f)	[gans]
wild (het)	**Wild** (n)	[vɪlt]
kalkoen (de)	**Pute** (f)	[ˈpuːtə]
varkensvlees (het)	**Schweinefleisch** (n)	[ˈʃvaɪnəˌflaɪʃ]
kalfsvlees (het)	**Kalbfleisch** (n)	[ˈkalpˌflaɪʃ]
schapenvlees (het)	**Hammelfleisch** (n)	[ˈhaməlˌflaɪʃ]
rundvlees (het)	**Rindfleisch** (n)	[ˈʀɪntˌflaɪʃ]
konijnenvlees (het)	**Kaninchenfleisch** (n)	[kaˈniːnçənˌflaɪʃ]
worst (de)	**Wurst** (f)	[vʊʁst]
saucijs (de)	**Würstchen** (n)	[ˈvyʁstçən]
spek (het)	**Schinkenspeck** (m)	[ˈʃɪŋkənˌʃpɛk]
ham (de)	**Schinken** (m)	[ˈʃɪŋkən]
gerookte achterham (de)	**Räucherschinken** (m)	[ˈʀɔɪçɐˌʃɪŋkən]
paté (de)	**Pastete** (f)	[pasˈteːtə]
lever (de)	**Leber** (f)	[ˈleːbɐ]

| gehakt (het) | **Hackfleisch** (n) | ['hak‚flaɪʃ] |
| tong (de) | **Zunge** (f) | ['tsʊŋə] |

ei (het)	**Ei** (n)	[aɪ]
eieren (mv.)	**Eier** (pl)	['aɪɐ]
eiwit (het)	**Eiweiß** (n)	['aɪvaɪs]
eigeel (het)	**Eigelb** (n)	['aɪgɛlp]

vis (de)	**Fisch** (m)	[fɪʃ]
zeevruchten (mv.)	**Meeresfrüchte** (pl)	['meːʀəsˌfʀʏçtə]
schaaldieren (mv.)	**Krebstiere** (pl)	['kʀeːpsˌtiːʀə]
kaviaar (de)	**Kaviar** (m)	['kaːvɪɐʁ]

krab (de)	**Krabbe** (f)	['kʀabə]
garnaal (de)	**Garnele** (f)	[gaʁ'neːlə]
oester (de)	**Auster** (f)	['aʊstɐ]
langoest (de)	**Languste** (f)	[laŋ'gʊstə]
octopus (de)	**Krake** (m)	['kʀaːkə]
inktvis (de)	**Kalmar** (m)	['kalmaʁ]

steur (de)	**Störfleisch** (n)	['ʃtøːɐˌflaɪʃ]
zalm (de)	**Lachs** (m)	[laks]
heilbot (de)	**Heilbutt** (m)	['haɪlbʊt]

kabeljauw (de)	**Dorsch** (m)	[dɔʁʃ]
makreel (de)	**Makrele** (f)	[ma'kʀeːlə]
tonijn (de)	**Tunfisch** (m)	['tuːnfɪʃ]
paling (de)	**Aal** (m)	[aːl]

forel (de)	**Forelle** (f)	[ˌfo'ʀɛlə]
sardine (de)	**Sardine** (f)	[zaʁ'diːnə]
snoek (de)	**Hecht** (m)	[hɛçt]
haring (de)	**Hering** (m)	['heːʀɪŋ]

brood (het)	**Brot** (n)	[bʀoːt]
kaas (de)	**Käse** (m)	['kɛːzə]
suiker (de)	**Zucker** (m)	['tsʊkɐ]
zout (het)	**Salz** (n)	[zalts]

rijst (de)	**Reis** (m)	[ʀaɪs]
pasta (de)	**Teigwaren** (pl)	['taɪkˌvaːʀən]
noedels (mv.)	**Nudeln** (pl)	['nuːdəln]

boter (de)	**Butter** (f)	['bʊtɐ]
plantaardige olie (de)	**Pflanzenöl** (n)	['pflantsənˌʔøːl]
zonnebloemolie (de)	**Sonnenblumenöl** (n)	['zɔnənbluːmənˌʔøːl]
margarine (de)	**Margarine** (f)	[maʁga'ʀiːnə]

| olijven (mv.) | **Oliven** (pl) | [o'liːvən] |
| olijfolie (de) | **Olivenöl** (n) | [o'liːvənˌʔøːl] |

melk (de)	**Milch** (f)	[mɪlç]
gecondenseerde melk (de)	**Kondensmilch** (f)	[kɔn'dɛnsˌmɪlç]
yoghurt (de)	**Joghurt** (m, f)	['joːgʊʁt]
zure room (de)	**saure Sahne** (f)	['zaʊʀə 'zaːnə]
room (de)	**Sahne** (f)	['zaːnə]

mayonaise (de)	**Mayonnaise** (f)	[majɔ'nɛːzə]
crème (de)	**Buttercreme** (f)	['bʊtɐˌkrɛːm]
graan (het)	**Grütze** (f)	['gʀʏtsə]
meel (het), bloem (de)	**Mehl** (n)	[meːl]
conserven (mv.)	**Konserven** (pl)	[kɔn'zɛʀvən]
maïsvlokken (mv.)	**Maisflocken** (pl)	[maɪs'flɔkən]
honing (de)	**Honig** (m)	['hoːnɪç]
jam (de)	**Marmelade** (f)	[ˌmaʀmə'laːdə]
kauwgom (de)	**Kaugummi** (m, n)	['kaʊˌgʊmi]

53. Drankjes

water (het)	**Wasser** (n)	['vasɐ]
drinkwater (het)	**Trinkwasser** (n)	['trɪŋkˌvasɐ]
mineraalwater (het)	**Mineralwasser** (n)	[mine'ʀaːlˌvasɐ]
zonder gas	**still**	[ʃtɪl]
koolzuurhoudend (bn)	**mit Kohlensäure**	[mɪt 'koːlənˌzɔɪʀə]
bruisend (bn)	**mit Gas**	[mɪt gaːs]
ijs (het)	**Eis** (n)	[aɪs]
met ijs	**mit Eis**	[mɪt aɪs]
alcoholvrij (bn)	**alkoholfrei**	['alkohoːl·fʀaɪ]
alcoholvrije drank (de)	**alkoholfreies Getränk** (n)	['alkohoːl·fʀaɪəs gə'tʀɛŋk]
frisdrank (de)	**Erfrischungsgetränk** (n)	[ɛɐ'fʀɪʃʊŋs·gəˌtʀɛŋk]
limonade (de)	**Limonade** (f)	[limo'naːdə]
alcoholische dranken (mv.)	**Spirituosen** (pl)	[ʃpiʀi'tʊoːzən]
wijn (de)	**Wein** (m)	[vaɪn]
witte wijn (de)	**Weißwein** (m)	['vaɪsˌvaɪn]
rode wijn (de)	**Rotwein** (m)	['ʀoːtˌvaɪn]
likeur (de)	**Likör** (m)	[li'køːɐ]
champagne (de)	**Champagner** (m)	[ʃam'panjɐ]
vermout (de)	**Wermut** (m)	['veːɐmuːt]
whisky (de)	**Whisky** (m)	['vɪski]
wodka (de)	**Wodka** (m)	['vɔtka]
gin (de)	**Gin** (m)	[dʒɪn]
cognac (de)	**Kognak** (m)	['kɔnjak]
rum (de)	**Rum** (m)	[ʀʊm]
koffie (de)	**Kaffee** (m)	['kafe]
zwarte koffie (de)	**schwarzer Kaffee** (m)	[ʃvaʀtsɐ 'kafe]
koffie (de) met melk	**Milchkaffee** (m)	['mɪlç·kaˌfeː]
cappuccino (de)	**Cappuccino** (m)	[ˌkapʊ'tʃiːno]
oploskoffie (de)	**Pulverkaffee** (m)	['pʊlfɐˌkafe]
melk (de)	**Milch** (f)	[mɪlç]
cocktail (de)	**Cocktail** (m)	['kɔktɛɪl]
milkshake (de)	**Milchcocktail** (m)	['mɪlçˌkɔktɛɪl]
sap (het)	**Saft** (m)	[zaft]

tomatensap (het)	**Tomatensaft** (m)	[toˈmaːtənˌzaft]
sinaasappelsap (het)	**Orangensaft** (m)	[oˈʀaːŋʒənˌzaft]
vers geperst sap (het)	**frisch gepresster Saft** (m)	[fʀɪʃ gəˈpʀɛstə zaft]
bier (het)	**Bier** (n)	[biːɐ]
licht bier (het)	**Helles** (n)	[ˈhɛlɛs]
donker bier (het)	**Dunkelbier** (n)	[ˈdʊŋkəlˌbiːɐ]
thee (de)	**Tee** (m)	[teː]
zwarte thee (de)	**schwarzer Tee** (m)	[ˈʃvaʁtsə ˈteː]
groene thee (de)	**grüner Tee** (m)	[ˈgʀyːnɐ teː]

54. Groenten

groenten (mv.)	**Gemüse** (n)	[gəˈmyːzə]
verse kruiden (mv.)	**grünes Gemüse** (pl)	[ˈgʀyːnəs gəˈmyːzə]
tomaat (de)	**Tomate** (f)	[toˈmaːtə]
augurk (de)	**Gurke** (f)	[ˈgʊʁkə]
wortel (de)	**Karotte** (f)	[kaˈʀɔtə]
aardappel (de)	**Kartoffel** (f)	[kaʁˈtɔfəl]
ui (de)	**Zwiebel** (f)	[ˈtsviːbəl]
knoflook (de)	**Knoblauch** (m)	[ˈknoːpˌlaʊx]
kool (de)	**Kohl** (m)	[koːl]
bloemkool (de)	**Blumenkohl** (m)	[ˈbluːmənˌkoːl]
spruitkool (de)	**Rosenkohl** (m)	[ˈʀoːzənˌkoːl]
broccoli (de)	**Brokkoli** (m)	[ˈbʀɔkoli]
rode biet (de)	**Rote Bete** (f)	[ˌʀoːtəˈbeːtə]
aubergine (de)	**Aubergine** (f)	[ˌobɛʁˈʒiːnə]
courgette (de)	**Zucchini** (f)	[tsʊˈkiːni]
pompoen (de)	**Kürbis** (m)	[ˈkʏʁbɪs]
raap (de)	**Rübe** (f)	[ˈʀyːbə]
peterselie (de)	**Petersilie** (f)	[petɐˈziːlɪə]
dille (de)	**Dill** (m)	[dɪl]
sla (de)	**Kopf Salat** (m)	[kɔpf zaˈlaːt]
selderij (de)	**Sellerie** (f)	[ˈzɛləʀi]
asperge (de)	**Spargel** (m)	[ˈʃpaʁgəl]
spinazie (de)	**Spinat** (m)	[ʃpiˈnaːt]
erwt (de)	**Erbse** (f)	[ˈɛʁpsə]
bonen (mv.)	**Bohnen** (pl)	[ˈboːnən]
maïs (de)	**Mais** (m)	[ˈmaɪs]
nierboon (de)	**weiße Bohne** (f)	[ˈvaɪsə ˈboːnə]
peper (de)	**Paprika** (m)	[ˈpapʁika]
radijs (de)	**Radieschen** (n)	[ʀaˈdiːsçən]
artisjok (de)	**Artischocke** (f)	[aʁtiˈʃɔkə]

55. Vruchten. Noten

vrucht (de)	**Frucht** (f)	[fʀʊχt]
appel (de)	**Apfel** (m)	['apfəl]
peer (de)	**Birne** (f)	['bɪʀnə]
citroen (de)	**Zitrone** (f)	[tsi'tʀoːnə]
sinaasappel (de)	**Apfelsine** (f)	[apfəl'ziːnə]
aardbei (de)	**Erdbeere** (f)	['eːɐtˌbeːʀə]
mandarijn (de)	**Mandarine** (f)	[ˌmanda'ʀiːnə]
pruim (de)	**Pflaume** (f)	['pflaʊmə]
perzik (de)	**Pfirsich** (m)	['pfɪʀzɪç]
abrikoos (de)	**Aprikose** (f)	[ˌapʀi'koːzə]
framboos (de)	**Himbeere** (f)	['hɪmˌbeːʀə]
ananas (de)	**Ananas** (f)	['ananas]
banaan (de)	**Banane** (f)	[ba'naːnə]
watermeloen (de)	**Wassermelone** (f)	['vasɐmeˌloːnə]
druif (de)	**Weintrauben** (pl)	['vaɪnˌtʀaʊbən]
zure kers (de)	**Sauerkirsche** (f)	['zaʊɐˌkɪʀʃə]
zoete kers (de)	**Süßkirsche** (f)	['zyːsˌkɪʀʃə]
meloen (de)	**Melone** (f)	[me'loːnə]
grapefruit (de)	**Grapefruit** (f)	['gʀɛɪpˌfʀuːt]
avocado (de)	**Avocado** (f)	[avo'kaːdo]
papaja (de)	**Papaya** (f)	[pa'paːja]
mango (de)	**Mango** (f)	['maŋgo]
granaatappel (de)	**Granatapfel** (m)	[gʀa'naːtˌʔapfəl]
rode bes (de)	**rote Johannisbeere** (f)	['ʀoːtə joː'hanɪsbeːʀə]
zwarte bes (de)	**schwarze Johannisbeere** (f)	['ʃvaʀtsə joː'hanɪsbeːʀə]
kruisbes (de)	**Stachelbeere** (f)	['ʃtaχəlˌbeːʀə]
blauwe bosbes (de)	**Heidelbeere** (f)	['haɪdəlˌbeːʀə]
braambes (de)	**Brombeere** (f)	['bʀɔmˌbeːʀə]
rozijn (de)	**Rosinen** (pl)	[ʀo'ziːnən]
vijg (de)	**Feige** (f)	['faɪgə]
dadel (de)	**Dattel** (f)	['datəl]
pinda (de)	**Erdnuss** (f)	['eːɐtˌnʊs]
amandel (de)	**Mandel** (f)	['mandəl]
walnoot (de)	**Walnuss** (f)	['valˌnʊs]
hazelnoot (de)	**Haselnuss** (f)	['haːzəlˌnʊs]
kokosnoot (de)	**Kokosnuss** (f)	['koːkɔsˌnʊs]
pistaches (mv.)	**Pistazien** (pl)	[pɪs'taːtsiən]

56. Brood. Snoep

suikerbakkerij (de)	**Konditorwaren** (pl)	[kɔn'diːtoːɐˌvaːʀən]
brood (het)	**Brot** (n)	[bʀoːt]
koekje (het)	**Keks** (m. n)	[keːks]
chocolade (de)	**Schokolade** (f)	[ʃoko'laːdə]
chocolade- (abn)	**Schokoladen-**	[ʃoko'laːdən]

snoepje (het)	Bonbon (m, n)	[bɔn'bɔn]
cakeje (het)	Kuchen (m)	['kuːχən]
taart (bijv. verjaardags~)	Torte (f)	['tɔʁtə]

| pastei (de) | Kuchen (m) | ['kuːχən] |
| vulling (de) | Füllung (f) | ['fʏlʊŋ] |

confituur (de)	Konfitüre (f)	[ˌkɔnfi'tyːʁə]
marmelade (de)	Marmelade (f)	[ˌmaʁmə'laːdə]
wafel (de)	Waffeln (pl)	[vafəln]
ijsje (het)	Eis (n)	[aɪs]
pudding (de)	Pudding (m)	['pʊdɪŋ]

57. Kruiden

zout (het)	Salz (n)	[zalts]
gezouten (bn)	salzig	['zaltsɪç]
zouten (ww)	salzen (vt)	['zaltsən]

zwarte peper (de)	schwarzer Pfeffer (m)	['ʃvaʁtsɐ 'pfɛfɐ]
rode peper (de)	roter Pfeffer (m)	['ʁoːtɐ 'pfɛfɐ]
mosterd (de)	Senf (m)	[zɛnf]
mierikswortel (de)	Meerrettich (m)	['meːɐˌʁɛtɪç]

condiment (het)	Gewürz (n)	[gə'vʏʁts]
specerij, kruiderij (de)	Gewürz (n)	[gə'vʏʁts]
saus (de)	Soße (f)	['zoːsə]
azijn (de)	Essig (m)	['ɛsɪç]

anijs (de)	Anis (m)	[a'niːs]
basilicum (de)	Basilikum (n)	[ba'ziːlikʊm]
kruidnagel (de)	Nelke (f)	['nɛlkə]
gember (de)	Ingwer (m)	['ɪŋvɐ]
koriander (de)	Koriander (m)	[ko'ʁiandɐ]
kaneel (de/het)	Zimt (m)	[tsɪmt]

sesamzaad (het)	Sesam (m)	['zeːzam]
laurierblad (het)	Lorbeerblatt (n)	['lɔʁbeːɐˌblat]
paprika (de)	Paprika (m)	['papʁika]
komijn (de)	Kümmel (m)	['kʏməl]
saffraan (de)	Safran (m)	['zafʁan]

PERSOONLIJKE INFORMATIE. FAMILIE

58. Persoonlijke informatie. Formulieren

naam (de)	**Vorname** (m)	['foːɐˌnaːmə]
achternaam (de)	**Name** (m)	['naːmə]
geboortedatum (de)	**Geburtsdatum** (n)	[gə'buːɛtsˌdaːtʊm]
geboorteplaats (de)	**Geburtsort** (m)	[gə'buːɛtsˌʔɔʁt]
nationaliteit (de)	**Nationalität** (f)	[natsjɔnali'tɛːt]
woonplaats (de)	**Wohnort** (m)	['voːnˌʔɔʁt]
land (het)	**Land** (n)	[lant]
beroep (het)	**Beruf** (m)	[bə'ʁuːf]
geslacht (ov. het vrouwelijk ~)	**Geschlecht** (n)	[gə'ʃlɛçt]
lengte (de)	**Größe** (f)	['gʁøːsə]
gewicht (het)	**Gewicht** (n)	[gə'vɪçt]

59. Familieleden. Verwanten

moeder (de)	**Mutter** (f)	['mʊtɐ]
vader (de)	**Vater** (m)	['faːtɐ]
zoon (de)	**Sohn** (m)	[zoːn]
dochter (de)	**Tochter** (f)	['tɔχtɐ]
jongste dochter (de)	**jüngste Tochter** (f)	['jʏŋstə 'tɔχtɐ]
jongste zoon (de)	**jüngste Sohn** (m)	['jʏŋstə 'zoːn]
oudste dochter (de)	**ältere Tochter** (f)	['ɛltəʁə 'tɔχtɐ]
oudste zoon (de)	**älterer Sohn** (m)	['ɛltəʁɐ 'zoːn]
broer (de)	**Bruder** (m)	['bʁuːdɐ]
zuster (de)	**Schwester** (f)	['ʃvɛstɐ]
neef (zoon van oom, tante)	**Cousin** (m)	[ku'zɛŋ]
nicht (dochter van oom, tante)	**Cousine** (f)	[ku'ziːnə]
mama (de)	**Mama** (f)	['mama]
papa (de)	**Papa** (m)	['papa]
ouders (mv.)	**Eltern** (pl)	['ɛltɐn]
kind (het)	**Kind** (n)	[kɪnt]
kinderen (mv.)	**Kinder** (pl)	['kɪndɐ]
oma (de)	**Großmutter** (f)	['gʁoːsˌmʊtɐ]
opa (de)	**Großvater** (m)	['gʁoːsˌfaːtɐ]
kleinzoon (de)	**Enkel** (m)	['ɛŋkəl]
kleindochter (de)	**Enkelin** (f)	['ɛŋkəlɪn]
kleinkinderen (mv.)	**Enkelkinder** (pl)	['ɛŋkəlˌkɪndɐ]

oom (de)	**Onkel** (m)	['ɔŋkəl]
tante (de)	**Tante** (f)	['tantə]
neef (zoon van broer, zus)	**Neffe** (m)	['nɛfə]
nicht (dochter van broer, zus)	**Nichte** (f)	['nɪçtə]
schoonmoeder (de)	**Schwiegermutter** (f)	['ʃviːgɐˌmʊtɐ]
schoonvader (de)	**Schwiegervater** (m)	['ʃviːgɐˌfaːtɐ]
schoonzoon (de)	**Schwiegersohn** (m)	['ʃviːgɐˌzoːn]
stiefmoeder (de)	**Stiefmutter** (f)	['ʃtiːfˌmʊtɐ]
stiefvader (de)	**Stiefvater** (m)	['ʃtiːfˌfaːtɐ]
zuigeling (de)	**Säugling** (m)	['zɔɪklɪŋ]
wiegenkind (het)	**Kleinkind** (n)	['klaɪnˌkɪnt]
kleuter (de)	**Kleine** (m)	['klaɪnə]
vrouw (de)	**Frau** (f)	[fʀaʊ]
man (de)	**Mann** (m)	[man]
echtgenoot (de)	**Ehemann** (m)	['eːəˌman]
echtgenote (de)	**Gemahlin** (f)	[gə'maːlɪn]
gehuwd (mann.)	**verheiratet**	[fɛɐ'haɪʀaːtət]
gehuwd (vrouw.)	**verheiratet**	[fɛɐ'haɪʀaːtət]
ongehuwd (mann.)	**ledig**	['leːdɪç]
vrijgezel (de)	**Junggeselle** (m)	['jʊŋgəˌzɛlə]
gescheiden (bn)	**geschieden**	[gə'ʃiːdən]
weduwe (de)	**Witwe** (f)	['vɪtvə]
weduwnaar (de)	**Witwer** (m)	['vɪtvɐ]
familielid (het)	**Verwandte** (m)	[fɛɐ'vantə]
dichte familielid (het)	**naher Verwandter** (m)	['naːɐ fɛɐ'vantə]
verre familielid (het)	**entfernter Verwandter** (m)	[ɛnt'fɛʀntɐ fɛɐ'vantə]
familieleden (mv.)	**Verwandte** (pl)	[fɛɐ'vantə]
wees (de), weeskind (het)	**Waise** (m, f)	['vaɪzə]
voogd (de)	**Vormund** (m)	['foːɐˌmʊnt]
adopteren (een jongen te ~)	**adoptieren** (vt)	[adɔp'tiːʀən]
adopteren (een meisje te ~)	**adoptieren** (vt)	[adɔp'tiːʀən]

60. Vrienden. Collega's

vriend (de)	**Freund** (m)	[fʀɔɪnt]
vriendin (de)	**Freundin** (f)	['fʀɔɪndɪn]
vriendschap (de)	**Freundschaft** (f)	['fʀɔɪntʃaft]
bevriend zijn (ww)	**befreundet sein**	[bə'fʀɔɪndət zaɪn]
makker (de)	**Freund** (m)	[fʀɔɪnt]
vriendin (de)	**Freundin** (f)	['fʀɔɪndɪn]
partner (de)	**Partner** (m)	['paʀtnɐ]
chef (de)	**Chef** (m)	[ʃɛf]
baas (de)	**Vorgesetzte** (m)	['foːɐgəˌzɛtstə]
eigenaar (de)	**Besitzer** (m)	[bə'zɪtsɐ]
ondergeschikte (de)	**Untergeordnete** (m)	['ʊntɐgəˌʔɔʀtnətə]
collega (de)	**Kollege** (m), **Kollegin** (f)	[kɔ'leːgə], [kɔ'leːgɪn]

kennis (de)	**Bekannte** (m)	[bə'kantə]
medereiziger (de)	**Reisegefährte** (m)	['ʀaɪzəˌɡə'fɛːɐtə]
klasgenoot (de)	**Mitschüler** (m)	['mɪtʃyːlɐ]
buurman (de)	**Nachbar** (m)	['naxˌbaːɐ]
buurvrouw (de)	**Nachbarin** (f)	['naxbaːʀɪn]
buren (mv.)	**Nachbarn** (pl)	['naxbaːɐn]

MENSELIJK LICHAAM. GENEESKUNDE

61. Hoofd

hoofd (het)	**Kopf** (m)	[kɔpf]
gezicht (het)	**Gesicht** (n)	[gə'zɪçt]
neus (de)	**Nase** (f)	['naːzə]
mond (de)	**Mund** (m)	[mʊnt]

oog (het)	**Auge** (n)	['aʊgə]
ogen (mv.)	**Augen** (pl)	['aʊgən]
pupil (de)	**Pupille** (f)	[puˈpɪlə]
wenkbrauw (de)	**Augenbraue** (f)	['aʊgəŋˌbraʊə]
wimper (de)	**Wimper** (f)	['vɪmpɐ]
ooglid (het)	**Augenlid** (n)	['aʊgəŋˌliːt]

tong (de)	**Zunge** (f)	['tsʊŋə]
tand (de)	**Zahn** (m)	[tsaːn]
lippen (mv.)	**Lippen** (pl)	['lɪpən]
jukbeenderen (mv.)	**Backenknochen** (pl)	['bakənˌknɔxən]
tandvlees (het)	**Zahnfleisch** (n)	['tsaːnˌflaɪʃ]
gehemelte (het)	**Gaumen** (m)	['gaʊmən]

neusgaten (mv.)	**Nasenlöcher** (pl)	['naːzənˌlœçɐ]
kin (de)	**Kinn** (n)	[kɪn]
kaak (de)	**Kiefer** (m)	['kiːfɐ]
wang (de)	**Wange** (f)	['vaŋə]

voorhoofd (het)	**Stirn** (f)	[ʃtɪʁn]
slaap (de)	**Schläfe** (f)	['ʃlɛːfə]
oor (het)	**Ohr** (n)	[oːɐ]
achterhoofd (het)	**Nacken** (m)	['nakən]
hals (de)	**Hals** (m)	[hals]
keel (de)	**Kehle** (f)	['keːlə]

haren (mv.)	**Haare** (pl)	['haːʁə]
kapsel (het)	**Frisur** (f)	[ˌfʁiˈzuːɐ]
haarsnit (de)	**Haarschnitt** (m)	['haːɐʃnɪt]
pruik (de)	**Perücke** (f)	[peˈʁʏkə]

snor (de)	**Schnurrbart** (m)	['ʃnʊʁˌbaːɐt]
baard (de)	**Bart** (m)	[baːɐt]
dragen (een baard, enz.)	**haben** (vt)	[haːbən]
vlecht (de)	**Zopf** (m)	[tsɔpf]
bakkebaarden (mv.)	**Backenbart** (m)	['bakənˌbaːɐt]

ros (roodachtig, rossig)	**rothaarig**	['ʁoːtˌhaːʁɪç]
grijs (~ haar)	**grau**	[gʁaʊ]
kaal (bn)	**kahl**	[kaːl]
kale plek (de)	**Glatze** (f)	['glatsə]

| paardenstaart (de) | Pferdeschwanz (m) | [ˈpfeːɐdəʃvants] |
| pony (de) | Pony (m) | [ˈpɔni] |

62. Menselijk lichaam

| hand (de) | Hand (f) | [hant] |
| arm (de) | Arm (m) | [aʁm] |

vinger (de)	Finger (m)	[ˈfɪŋɐ]
teen (de)	Zehe (f)	[ˈtseːə]
duim (de)	Daumen (m)	[ˈdaʊmən]
pink (de)	kleiner Finger (m)	[ˈklaɪnɐ ˈfɪŋɐ]
nagel (de)	Nagel (m)	[ˈnaːgəl]

vuist (de)	Faust (f)	[faʊst]
handpalm (de)	Handfläche (f)	[ˈhantˌflɛçə]
pols (de)	Handgelenk (n)	[ˈhantˌgəˌlɛŋk]
voorarm (de)	Unterarm (m)	[ˈʊntɐˌʔaʁm]
elleboog (de)	Ellbogen (m)	[ˈɛlˌboːgən]
schouder (de)	Schulter (f)	[ˈʃʊltɐ]

been (rechter ~)	Bein (n)	[baɪn]
voet (de)	Fuß (m)	[fuːs]
knie (de)	Knie (n)	[kniː]
kuit (de)	Wade (f)	[ˈvaːdə]
heup (de)	Hüfte (f)	[ˈhʏftə]
hiel (de)	Ferse (f)	[ˈfɛʁzə]

lichaam (het)	Körper (m)	[ˈkœʁpɐ]
buik (de)	Bauch (m)	[ˈbaʊχ]
borst (de)	Brust (f)	[bʁʊst]
borst (de)	Busen (m)	[ˈbuːzən]
zijde (de)	Seite (f), Flanke (f)	[ˈzaɪtə], [ˈflaŋkə]
rug (de)	Rücken (m)	[ˈʁʏkən]
lage rug (de)	Kreuz (n)	[kʁɔɪts]
taille (de)	Taille (f)	[ˈtaljə]

navel (de)	Nabel (m)	[ˈnaːbəl]
billen (mv.)	Gesäßbacken (pl)	[gəˈzɛːsˌbakən]
achterwerk (het)	Hinterteil (n)	[ˈhɪntɐˌtaɪl]

huidvlek (de)	Leberfleck (m)	[ˈleːbɐˌflɛk]
moedervlek (de)	Muttermal (n)	[ˈmʊtɐˌmaːl]
tatoeage (de)	Tätowierung (f)	[tɛtoˈviːʁʊŋ]
litteken (het)	Narbe (f)	[ˈnaʁbə]

63. Ziekten

ziekte (de)	Krankheit (f)	[ˈkʁaŋkhaɪt]
ziek zijn (ww)	krank sein	[kʁaŋk zaɪn]
gezondheid (de)	Gesundheit (f)	[gəˈzʊnthaɪt]
snotneus (de)	Schnupfen (m)	[ˈʃnʊpfən]

angina (de)	Angina (f)	[aŋˈgiːna]
verkoudheid (de)	Erkältung (f)	[ɛɐˈkɛltʊŋ]
verkouden raken (ww)	sich erkälten	[zɪç ɛɐˈkɛltən]
bronchitis (de)	Bronchitis (f)	[brɔnˈçiːtɪs]
longontsteking (de)	Lungenentzündung (f)	[ˈlʊŋənʔɛntˌtsʏndʊŋ]
griep (de)	Grippe (f)	[ˈgʀɪpə]
bijziend (bn)	kurzsichtig	[ˈkʊʁtsˌzɪçtɪç]
verziend (bn)	weitsichtig	[ˈvaɪtˌzɪçtɪç]
scheelheid (de)	Schielen (n)	[ˈʃiːlən]
scheel (bn)	schielend	[ˈʃiːlənt]
grauwe staar (de)	grauer Star (m)	[ˈgʀaʊɐ ʃtaːɐ]
glaucoom (het)	Glaukom (n)	[glauˈkoːm]
beroerte (de)	Schlaganfall (m)	[ˈʃlaːkʔanˌfal]
hartinfarct (het)	Infarkt (m)	[ɪnˈfaʁkt]
myocardiaal infarct (het)	Herzinfarkt (m)	[ˈhɛʁtsʔɪnˌfaʁkt]
verlamming (de)	Lähmung (f)	[ˈlɛːmʊŋ]
verlammen (ww)	lähmen (vt)	[ˈlɛːmən]
allergie (de)	Allergie (f)	[ˌalɛʁˈgiː]
astma (de/het)	Asthma (n)	[ˈastma]
diabetes (de)	Diabetes (m)	[diaˈbeːtɛs]
tandpijn (de)	Zahnschmerz (m)	[ˈtsaːnˌʃmɛʁts]
tandbederf (het)	Karies (f)	[ˈkaːʁiɛs]
diarree (de)	Durchfall (m)	[ˈdʊʁçˌfal]
constipatie (de)	Verstopfung (f)	[fɛɐˈʃtɔpfʊŋ]
maagstoornis (de)	Magenverstimmung (f)	[ˈmaːɡənˑfɛɐʃtɪmʊŋ]
voedselvergiftiging (de)	Vergiftung (f)	[fɛɐˈgɪftʊŋ]
voedselvergiftiging oplopen	Vergiftung bekommen	[fɛɐˈgɪftʊŋ bəˈkɔmən]
artritis (de)	Arthritis (f)	[aʁˈtʀiːtɪs]
rachitis (de)	Rachitis (f)	[ʀaˈχiːtɪs]
reuma (het)	Rheumatismus (m)	[ʀɔɪmaˈtɪsmʊs]
arteriosclerose (de)	Atherosklerose (f)	[atɛʀɔskleˈʀoːzə]
gastritis (de)	Gastritis (f)	[gasˈtʀiːtɪs]
blindedarmontsteking (de)	Blinddarmentzündung (f)	[ˈblɪntdaʁmʔɛntˌtsʏndʊŋ]
galblaasontsteking (de)	Cholezystitis (f)	[çoletsʏsˈtiːtɪs]
zweer (de)	Geschwür (n)	[gəˈʃvyːɐ]
mazelen (mv.)	Masern (pl)	[ˈmaːzɐn]
rodehond (de)	Röteln (pl)	[ˈʀøːtəln]
geelzucht (de)	Gelbsucht (f)	[ˈgɛlpˌzʊχt]
leverontsteking (de)	Hepatitis (f)	[ˌhepaˈtiːtɪs]
schizofrenie (de)	Schizophrenie (f)	[ʃitsofʀeˈniː]
dolheid (de)	Tollwut (f)	[ˈtɔlˌvuːt]
neurose (de)	Neurose (f)	[nɔɪˈʀoːzə]
hersenschudding (de)	Gehirnerschütterung (f)	[gəˈhɪʁnʔɛɐʃʏtɐʀʊŋ]
kanker (de)	Krebs (m)	[kʀeːps]
sclerose (de)	Sklerose (f)	[skleˈʀoːzə]

multiple sclerose (de)	**multiple Sklerose** (f)	[mʊl'tiːplə skle'Roːzə]
alcoholisme (het)	**Alkoholismus** (m)	[ˌalkoho'lɪsmʊs]
alcoholicus (de)	**Alkoholiker** (m)	[alko'hoːlikɐ]
syfilis (de)	**Syphilis** (f)	['zyːfilɪs]
AIDS (de)	**AIDS**	['eɪts]
tumor (de)	**Tumor** (m)	['tuːmoːɐ]
kwaadaardig (bn)	**bösartig**	['bøːsˌʔaːɐtɪç]
goedaardig (bn)	**gutartig**	['guːtˌʔaːɐtɪç]
koorts (de)	**Fieber** (n)	['fiːbɐ]
malaria (de)	**Malaria** (f)	[ma'laːʀia]
gangreen (het)	**Gangrän** (f, n)	[gaŋ'gʀɛːn]
zeeziekte (de)	**Seekrankheit** (f)	['zeːˌkʀaŋkhaɪt]
epilepsie (de)	**Epilepsie** (f)	[epilɛ'psiː]
epidemie (de)	**Epidemie** (f)	[epide'miː]
tyfus (de)	**Typhus** (m)	['tyːfʊs]
tuberculose (de)	**Tuberkulose** (f)	[tubɛʀku'loːzə]
cholera (de)	**Cholera** (f)	['koːleʀa]
pest (de)	**Pest** (f)	[pɛst]

64. Symptomen. Behandelingen. Deel 1

symptoom (het)	**Symptom** (n)	[zʏmp'toːm]
temperatuur (de)	**Temperatur** (f)	[tɛmpəʀa'tuːɐ]
verhoogde temperatuur (de)	**Fieber** (n)	['fiːbɐ]
polsslag (de)	**Puls** (m)	[pʊls]
duizeling (de)	**Schwindel** (m)	['ʃvɪndəl]
heet (erg warm)	**heiß**	[haɪs]
koude rillingen (mv.)	**Schüttelfrost** (m)	['ʃʏtəlˌfʀɔst]
bleek (bn)	**blass**	[blas]
hoest (de)	**Husten** (m)	['huːstən]
hoesten (ww)	**husten** (vi)	['huːstən]
niezen (ww)	**niesen** (vi)	['niːzən]
flauwte (de)	**Ohnmacht** (f)	['oːnˌmaxt]
flauwvallen (ww)	**ohnmächtig werden**	['oːnˌmɛçtɪç 'veːɐdən]
blauwe plek (de)	**blauer Fleck** (m)	['blaʊɐ flɛk]
buil (de)	**Beule** (f)	['bɔɪlə]
zich stoten (ww)	**sich stoßen**	[zɪç 'ʃtoːsən]
kneuzing (de)	**Prellung** (f)	['pʀɛlʊŋ]
kneuzen (gekneusd zijn)	**sich stoßen**	[zɪç 'ʃtoːsən]
hinken (ww)	**hinken** (vi)	['hɪŋkən]
verstuiking (de)	**Verrenkung** (f)	[fɛɐ'ʀɛnkʊŋ]
verstuiken (enkel, enz.)	**ausrenken** (vt)	['aʊsˌʀɛŋkən]
breuk (de)	**Fraktur** (f)	[fʀak'tuːɐ]
een breuk oplopen	**brechen** (vt)	['bʀɛçən]
snijwond (de)	**Schnittwunde** (f)	['ʃnɪtˌvʊndə]
zich snijden (ww)	**sich schneiden**	[zɪç 'ʃnaɪdən]
bloeding (de)	**Blutung** (f)	['bluːtʊŋ]

brandwond (de)	**Verbrennung** (f)	[fɛɐˈbʀɛnʊŋ]
zich branden (ww)	**sich verbrennen**	[zɪç fɛɐˈbʀɛnən]

prikken (ww)	**stechen** (vt)	[ˈʃtɛçən]
zich prikken (ww)	**sich stechen**	[zɪç ˈʃtɛçən]
blesseren (ww)	**verletzen** (vt)	[fɛɐˈlɛtsən]
blessure (letsel)	**Verletzung** (f)	[fɛɐˈlɛtsʊŋ]
wond (de)	**Wunde** (f)	[ˈvʊndə]
trauma (het)	**Trauma** (n)	[ˈtʀaʊma]

ijlen (ww)	**irrereden** (vi)	[ˈɪʀəˌʀeːdən]
stotteren (ww)	**stottern** (vi)	[ˈʃtɔten]
zonnesteek (de)	**Sonnenstich** (m)	[ˈzɔnənˌʃtɪç]

65. Symptomen. Behandelingen. Deel 2

pijn (de)	**Schmerz** (m)	[ʃmɛʁts]
splinter (de)	**Splitter** (m)	[ˈʃplɪtɐ]

zweet (het)	**Schweiß** (m)	[ʃvaɪs]
zweten (ww)	**schwitzen** (vi)	[ˈʃvɪtsən]
braking (de)	**Erbrechen** (n)	[ɛɐˈbʀɛçən]
stuiptrekkingen (mv.)	**Krämpfe** (pl)	[ˈkʀɛmpfə]

zwanger (bn)	**schwanger**	[ˈʃvaŋɐ]
geboren worden (ww)	**geboren sein**	[gəˈboːʀən zaɪn]
geboorte (de)	**Geburt** (f)	[gəˈbuːɐt]
baren (ww)	**gebären** (vt)	[gəˈbɛːʀən]
abortus (de)	**Abtreibung** (f)	[ˈapˌtʀaɪbʊŋ]

ademhaling (de)	**Atem** (m)	[ˈaːtəm]
inademing (de)	**Atemzug** (m)	[ˈaːtəmˌtsuːk]
uitademing (de)	**Ausatmung** (f)	[ˈaʊsʔaːtmʊŋ]
uitademen (ww)	**ausatmen** (vt)	[ˈaʊsˌʔaːtmən]
inademen (ww)	**einatmen** (vt)	[ˈaɪnˌʔaːtmən]

invalide (de)	**Invalide** (m)	[ɪnvaˈliːdə]
gehandicapte (de)	**Krüppel** (m)	[ˈkʀʏpəl]
drugsverslaafde (de)	**Drogenabhängiger** (m)	[ˈdʀoːgənˌʔaphɛŋɪgɐ]

doof (bn)	**taub**	[taʊp]
stom (bn)	**stumm**	[ʃtʊm]
doofstom (bn)	**taubstumm**	[ˈtaʊpʃtʊm]

krankzinnig (bn)	**verrückt**	[fɛɐˈʀʏkt]
krankzinnige (man)	**Irre** (m)	[ˈɪʀə]
krankzinnige (vrouw)	**Irre** (f)	[ˈɪʀə]
krankzinnig worden	**den Verstand verlieren**	[den fɛɐˈʃtant fɛɐˈliːʀən]

gen (het)	**Gen** (n)	[geːn]
immuniteit (de)	**Immunität** (f)	[ɪmuniˈtɛːt]
erfelijk (bn)	**erblich**	[ˈɛʁplɪç]
aangeboren (bn)	**angeboren**	[ˈangəˌboːʀən]
virus (het)	**Virus** (m, n)	[ˈviːʀʊs]

microbe (de)	**Mikrobe** (f)	[mi'kʀoːbə]
bacterie (de)	**Bakterie** (f)	[bak'teːʀɪə]
infectie (de)	**Infektion** (f)	[ɪnfɛk'tsjoːn]

66. Symptomen. Behandelingen. Deel 3

ziekenhuis (het)	**Krankenhaus** (n)	['kʀaŋkən‚haʊs]
patiënt (de)	**Patient** (m)	[pa'tsɪɛnt]
diagnose (de)	**Diagnose** (f)	[dia'gnoːzə]
genezing (de)	**Heilung** (f)	['haɪlʊŋ]
medische behandeling (de)	**Behandlung** (f)	[bə'handlʊŋ]
onder behandeling zijn	**Behandlung bekommen**	[bə'handlʊŋ bə'kɔmən]
behandelen (ww)	**behandeln** (vt)	[bə'handəln]
zorgen (zieken ~)	**pflegen** (vt)	['pfleːgən]
ziekenzorg (de)	**Pflege** (f)	['pfleːgə]
operatie (de)	**Operation** (f)	[opəʀa'tsjoːn]
verbinden (een arm ~)	**verbinden** (vt)	[fɛɐ'bɪndən]
verband (het)	**Verband** (m)	[fɛɐ'bant]
vaccin (het)	**Impfung** (f)	['ɪmpfʊŋ]
inenten (vaccineren)	**impfen** (vt)	['ɪmpfən]
injectie (de)	**Spritze** (f)	['ʃpʀɪtsə]
een injectie geven	**eine Spritze geben**	['aɪnə 'ʃpʀɪtsə 'geːbən]
aanval (de)	**Anfall** (m)	['an‚fal]
amputatie (de)	**Amputation** (f)	[amputa'tsjoːn]
amputeren (ww)	**amputieren** (vt)	[ampu'tiːʀən]
coma (het)	**Koma** (n)	['koːma]
in coma liggen	**im Koma liegen**	[ɪm 'koːma 'liːgən]
intensieve zorg, ICU (de)	**Reanimation** (f)	[ʀeʔanima'tsjoːn]
zich herstellen (ww)	**genesen von ...**	[gə'neːzən fɔn]
toestand (de)	**Zustand** (m)	['tsuːʃtant]
bewustzijn (het)	**Bewusstsein** (n)	[bə'vʊstzaɪn]
geheugen (het)	**Gedächtnis** (n)	[gə'dɛçtnɪs]
trekken (een kies ~)	**ziehen** (vt)	['tsiːən]
vulling (de)	**Plombe** (f)	['plɔmbə]
vullen (ww)	**plombieren** (vt)	[plɔm'biːʀən]
hypnose (de)	**Hypnose** (f)	[hʏp'noːzə]
hypnotiseren (ww)	**hypnotisieren** (vt)	[hʏpnoti'ziːʀən]

67. Geneeskunde. Medicijnen. Accessoires

geneesmiddel (het)	**Arznei** (f)	[aʁts'naɪ]
middel (het)	**Heilmittel** (n)	['haɪl‚mɪtəl]
voorschrijven (ww)	**verschreiben** (vt)	[fɛɐ'ʃʀaɪbən]
recept (het)	**Rezept** (n)	[ʀe'tsɛpt]
tablet (de/het)	**Tablette** (f)	[tab'letə]

71

zalf (de)	**Salbe** (f)	['zalbə]
ampul (de)	**Ampulle** (f)	[am'pʊlə]
drank (de)	**Mixtur** (f)	[mɪks'tuːɐ]
siroop (de)	**Sirup** (m)	['ziːʀʊp]
pil (de)	**Pille** (f)	['pɪlə]
poeder (de/het)	**Pulver** (n)	['pʊlfɐ]

verband (het)	**Verband** (m)	[fɛɐ'bant]
watten (mv.)	**Watte** (f)	['vatə]
jodium (het)	**Jod** (n)	[joːt]

pleister (de)	**Pflaster** (n)	['pflastɐ]
pipet (de)	**Pipette** (f)	[pi'pɛtə]
thermometer (de)	**Thermometer** (n)	[tɛʀmo'meːtɐ]
spuit (de)	**Spritze** (f)	['ʃpʀɪtsə]

rolstoel (de)	**Rollstuhl** (m)	['ʀɔlˌʃtuːl]
krukken (mv.)	**Krücken** (pl)	['kʀʏkən]

pijnstiller (de)	**Betäubungsmittel** (n)	[bə'tɔɪbʊŋsˌmɪtəl]
laxeermiddel (het)	**Abführmittel** (n)	['apfyːɐˌmɪtəl]
spiritus (de)	**Spiritus** (m)	['spiːʀitʊs]
medicinale kruiden (mv.)	**Heilkraut** (n)	['haɪlˌkʀaʊt]
kruiden- (abn)	**Kräuter-**	['kʀɔɪtɐ]

APPARTEMENT

68. Appartement

appartement (het)	**Wohnung** (f)	['vo:nʊŋ]
kamer (de)	**Zimmer** (n)	['tsɪmɐ]
slaapkamer (de)	**Schlafzimmer** (n)	['ʃla:f͜tsɪmɐ]
eetkamer (de)	**Esszimmer** (n)	['ɛs͜tsɪmɐ]
salon (de)	**Wohnzimmer** (n)	['vo:n͜tsɪmɐ]
studeerkamer (de)	**Arbeitszimmer** (n)	['aʁbaɪts͜tsɪmɐ]
gang (de)	**Vorzimmer** (n)	['fo:ɐ͜tsɪmɐ]
badkamer (de)	**Badezimmer** (n)	['ba:də͜tsɪmɐ]
toilet (het)	**Toilette** (f)	[toa'lɛtə]
plafond (het)	**Decke** (f)	['dɛkə]
vloer (de)	**Fußboden** (m)	['fu:s͜bo:dən]
hoek (de)	**Ecke** (f)	['ɛkə]

69. Meubels. Interieur

meubels (mv.)	**Möbel** (n)	['mø:bəl]
tafel (de)	**Tisch** (m)	[tɪʃ]
stoel (de)	**Stuhl** (m)	[ʃtu:l]
bed (het)	**Bett** (n)	[bɛt]
bankstel (het)	**Sofa** (n)	['zo:fa]
fauteuil (de)	**Sessel** (m)	['zɛsəl]
boekenkast (de)	**Bücherschrank** (m)	['by:çɐʃʁaŋk]
boekenrek (het)	**Regal** (n)	[ʁe'ga:l]
kledingkast (de)	**Schrank** (m)	[ʃʁaŋk]
kapstok (de)	**Hakenleiste** (f)	['ha:kən͜laɪstə]
staande kapstok (de)	**Kleiderständer** (m)	['klaɪdɐʃtɛndɐ]
commode (de)	**Kommode** (f)	[kɔ'mo:də]
salontafeltje (het)	**Couchtisch** (m)	['kaʊtʃ͜tɪʃ]
spiegel (de)	**Spiegel** (m)	['ʃpi:gəl]
tapijt (het)	**Teppich** (m)	['tɛpɪç]
tapijtje (het)	**Matte** (f)	['matə]
haard (de)	**Kamin** (m)	[ka'mi:n]
kaars (de)	**Kerze** (f)	['kɛʁtsə]
kandelaar (de)	**Kerzenleuchter** (m)	['kɛʁtsən͜lɔɪçtɐ]
gordijnen (mv.)	**Vorhänge** (pl)	['fo:ɐhɛŋə]
behang (het)	**Tapete** (f)	[ta'pe:tə]

jaloezie (de)	Jalousie (f)	[ʒalu'ziː]
bureaulamp (de)	Tischlampe (f)	['tɪʃˌlampə]
wandlamp (de)	Leuchte (f)	['lɔɪçtə]
staande lamp (de)	Stehlampe (f)	['ʃteːˌlampə]
luchter (de)	Kronleuchter (m)	['kʀoːnˌlɔɪçtɐ]
poot (ov. een tafel, enz.)	Bein (n)	[baɪn]
armleuning (de)	Armlehne (f)	['aʁmˌleːnə]
rugleuning (de)	Lehne (f)	['leːnə]
la (de)	Schublade (f)	['ʃuːpˌlaːdə]

70. Beddengoed

beddengoed (het)	Bettwäsche (f)	['bɛtˌvɛʃə]
kussen (het)	Kissen (n)	['kɪsən]
kussenovertrek (de)	Kissenbezug (m)	['kɪsən·bəˌtsuːk]
deken (de)	Bettdecke (f)	['bɛtˌdɛkə]
laken (het)	Laken (n)	['laːkən]
sprei (de)	Tagesdecke (f)	['taːgəsˌdɛkə]

71. Keuken

keuken (de)	Küche (f)	['kʏçə]
gas (het)	Gas (n)	[gaːs]
gasfornuis (het)	Gasherd (m)	['gaːsˌheːɐt]
elektrisch fornuis (het)	Elektroherd (m)	[eˈlɛktʀoˌheːɐt]
oven (de)	Backofen (m)	['bakˌʔoːfən]
magnetronoven (de)	Mikrowellenherd (m)	['mikʀovɛlənˌheːɐt]
koelkast (de)	Kühlschrank (m)	['kyːlˌʃʀaŋk]
diepvriezer (de)	Tiefkühltruhe (f)	['tiːfkyːlˌtʀuːə]
vaatwasmachine (de)	Geschirrspülmaschine (f)	[gəˈʃɪʁ·ʃpyːlˌmaʃiːnə]
vleesmolen (de)	Fleischwolf (m)	['flaɪʃvɔlf]
vruchtenpers (de)	Saftpresse (f)	['zaftˌpʀɛsə]
toaster (de)	Toaster (m)	['toːstɐ]
mixer (de)	Mixer (m)	['mɪksɐ]
koffiemachine (de)	Kaffeemaschine (f)	['kafe·maˌʃiːnə]
koffiepot (de)	Kaffeekanne (f)	['kafeˌkanə]
koffiemolen (de)	Kaffeemühle (f)	['kafeˌmyːlə]
fluitketel (de)	Wasserkessel (m)	['vasɐˌkɛsəl]
theepot (de)	Teekanne (f)	['teːˌkanə]
deksel (de/het)	Deckel (m)	['dɛkəl]
theezeefje (het)	Teesieb (n)	['teːˌziːp]
lepel (de)	Löffel (m)	['lœfəl]
theelepeltje (het)	Teelöffel (m)	['teːˌlœfəl]
eetlepel (de)	Esslöffel (m)	['ɛsˌlœfəl]
vork (de)	Gabel (f)	[gaːbəl]
mes (het)	Messer (n)	['mɛsɐ]

vaatwerk (het)	Geschirr (n)	[gə'ʃɪʁ]
bord (het)	Teller (m)	['tɛlɐ]
schoteltje (het)	Untertasse (f)	['ʊntɐˌtasə]
likeurglas (het)	Schnapsglas (n)	['ʃnapsˌglaːs]
glas (het)	Glas (n)	[glaːs]
kopje (het)	Tasse (f)	['tasə]
suikerpot (de)	Zuckerdose (f)	['tsʊkɐˌdoːzə]
zoutvat (het)	Salzstreuer (m)	['zaltsˌʃtʁɔɪɐ]
pepervat (het)	Pfefferstreuer (m)	['pfɛfɐˌʃtʁɔɪɐ]
boterschaaltje (het)	Butterdose (f)	['bʊtɐˌdoːzə]
pan (de)	Kochtopf (m)	['kɔxˌtɔpf]
bakpan (de)	Pfanne (f)	['pfanə]
pollepel (de)	Schöpflöffel (m)	['ʃœpfˌlœfəl]
vergiet (de/het)	Durchschlag (m)	['dʊʁçˌʃlaːk]
dienblad (het)	Tablett (n)	[ta'blɛt]
fles (de)	Flasche (f)	['flaʃə]
glazen pot (de)	Einmachglas (n)	['aɪnmaxˌglaːs]
blik (conserven~)	Dose (f)	['doːzə]
flesopener (de)	Flaschenöffner (m)	['flaʃənˌʔœfnɐ]
blikopener (de)	Dosenöffner (m)	['doːzənˌʔœfnɐ]
kurkentrekker (de)	Korkenzieher (m)	['kɔʁkənˌtsiːɐ]
filter (de/het)	Filter (n)	['fɪltɐ]
filteren (ww)	filtern (vt)	['fɪltɐn]
huisvuil (het)	Müll (m)	[mʏl]
vuilnisemmer (de)	Mülleimer (m)	['mʏlˌʔaɪmɐ]

72. Badkamer

badkamer (de)	Badezimmer (n)	['baːdəˌtsɪmɐ]
water (het)	Wasser (n)	['vasɐ]
kraan (de)	Wasserhahn (m)	['vasɐˌhaːn]
warm water (het)	Warmwasser (n)	['vaʁmˌvasɐ]
koud water (het)	Kaltwasser (n)	['kaltˌvasɐ]
tandpasta (de)	Zahnpasta (f)	['tsaːnˌpasta]
tanden poetsen (ww)	Zähne putzen	['tsɛːnə 'pʊtsən]
tandenborstel (de)	Zahnbürste (f)	['tsaːnˌbʏʁstə]
zich scheren (ww)	sich rasieren	[zɪç ʁa'ziːʁən]
scheercrème (de)	Rasierschaum (m)	[ʁa'ziːɐˌʃaʊm]
scheermes (het)	Rasierer (m)	[ʁa'ziːʁɐ]
wassen (ww)	waschen (vt)	['vaʃən]
een bad nemen	sich waschen	[zɪç 'vaʃən]
douche (de)	Dusche (f)	['duːʃə]
een douche nemen	sich duschen	[zɪç 'duːʃən]
bad (het)	Badewanne (f)	['baːdəˌvanə]
toiletpot (de)	Klosettbecken (n)	[klo'zɛtˌbɛkən]

wastafel (de)	Waschbecken (n)	['vaʃˌbɛkən]
zeep (de)	Seife (f)	['zaɪfə]
zeepbakje (het)	Seifenschale (f)	['zaɪfənˌʃaːlə]

spons (de)	Schwamm (m)	[ʃvam]
shampoo (de)	Shampoo (n)	['ʃampu]
handdoek (de)	Handtuch (n)	['hantˌtuːx]
badjas (de)	Bademantel (m)	['baːdəˌmantəl]

was (bijv. handwas)	Wäsche (f)	['vɛʃə]
wasmachine (de)	Waschmaschine (f)	['vaʃ·maˌʃiːnə]
de was doen	waschen (vt)	['vaʃən]
waspoeder (de)	Waschpulver (n)	['vaʃˌpʊlve]

73. Huishoudelijke apparaten

televisie (de)	Fernseher (m)	['fɛʁnˌzeːɐ]
cassettespeler (de)	Tonbandgerät (n)	['toːnbantˌgəˌʁɛːt]
videorecorder (de)	Videorekorder (m)	['video·ʁeˌkɔʁdɐ]
radio (de)	Empfänger (m)	[ɛm'pfɛŋɐ]
speler (de)	Player (m)	['plɛɪɐ]

videoprojector (de)	Videoprojektor (m)	['viːdeo·pʁoˌjɛktoːɐ]
home theater systeem (het)	Heimkino (n)	['haɪmkiːno]
DVD-speler (de)	DVD-Player (m)	[defaʊ'deːˌplɛɪɐ]
versterker (de)	Verstärker (m)	[fɛɐ'ʃtɛʁkɐ]
spelconsole (de)	Spielkonsole (f)	['ʃpiːlˈkɔnˌzoːlə]

videocamera (de)	Videokamera (f)	['viːdeoˌkaməʁa]
fotocamera (de)	Kamera (f)	['kaməʁa]
digitale camera (de)	Digitalkamera (f)	[digi'taːlˌkaməʁa]

stofzuiger (de)	Staubsauger (m)	['ʃtaʊpˌzaʊgɐ]
strijkijzer (het)	Bügeleisen (n)	['byːgəlˌʔaɪzən]
strijkplank (de)	Bügelbrett (n)	['byːgəlˌbʁɛt]

telefoon (de)	Telefon (n)	[tele'foːn]
mobieltje (het)	Mobiltelefon (n)	[mo'biːl·teleˌfoːn]
schrijfmachine (de)	Schreibmaschine (f)	['ʃʁaɪp·maˌʃiːnə]
naaimachine (de)	Nähmaschine (f)	['nɛː·maˌʃiːnə]

microfoon (de)	Mikrophon (n)	[mikʁo'foːn]
koptelefoon (de)	Kopfhörer (m)	['kɔpfˌhøːʁɐ]
afstandsbediening (de)	Fernbedienung (f)	['fɛʁnbəˌdiːnʊŋ]

CD (de)	CD (f)	[tseː'deː]
cassette (de)	Kassette (f)	[ka'sɛtə]
vinylplaat (de)	Schallplatte (f)	['ʃalˌplatə]

DE AARDE. WEER

74. De kosmische ruimte

kosmos (de)	**Kosmos** (m)	['kɔsmɔs]
kosmisch (bn)	**kosmisch, Raum-**	['kɔsmɪʃ], ['ʀaʊm]
kosmische ruimte (de)	**Weltraum** (m)	['vɛltʀaʊm]
wereld (de)	**All** (n)	[al]
heelal (het)	**Universum** (n)	[uni'vɛʀzʊm]
sterrenstelsel (het)	**Galaxie** (f)	[gala'ksi:]
ster (de)	**Stern** (m)	[ʃtɛʀn]
sterrenbeeld (het)	**Gestirn** (n)	[gə'ʃtɪʀn]
planeet (de)	**Planet** (m)	[pla'ne:t]
satelliet (de)	**Satellit** (m)	[zatɛ'li:t]
meteoriet (de)	**Meteorit** (m)	[meteo'ʀi:t]
komeet (de)	**Komet** (m)	[ko'me:t]
asteroïde (de)	**Asteroid** (m)	[asteʀo'i:t]
baan (de)	**Umlaufbahn** (f)	['ʊmlaʊf‚ba:n]
draaien (om de zon, enz.)	**sich drehen**	[zɪç 'dʀe:ən]
atmosfeer (de)	**Atmosphäre** (f)	[ʔatmo'sfɛ:ʀə]
Zon (de)	**Sonne** (f)	['zɔnə]
zonnestelsel (het)	**Sonnensystem** (n)	['zɔnən·zys‚te:m]
zonsverduistering (de)	**Sonnenfinsternis** (f)	['zɔnən‚fɪnstɛnɪs]
Aarde (de)	**Erde** (f)	['e:ɐdə]
Maan (de)	**Mond** (m)	[mo:nt]
Mars (de)	**Mars** (m)	[maʀs]
Venus (de)	**Venus** (f)	['ve:nʊs]
Jupiter (de)	**Jupiter** (m)	['ju:pitɐ]
Saturnus (de)	**Saturn** (m)	[za'tʊʀn]
Mercurius (de)	**Merkur** (m)	[mɛʀ'ku:ɐ]
Uranus (de)	**Uran** (m)	[u'ʀa:n]
Neptunus (de)	**Neptun** (m)	[nɛp'tu:n]
Pluto (de)	**Pluto** (m)	['plu:to]
Melkweg (de)	**Milchstraße** (f)	['mɪlç‚ʃtʀa:sə]
Grote Beer (de)	**Der Große Bär**	[de:ɐ 'gʀo:sə bɛ:ɐ]
Poolster (de)	**Polarstern** (m)	[po'la:ɐ‚ʃtɛʀn]
marsmannetje (het)	**Marsbewohner** (m)	['maʀs·bə‚vo:nɐ]
buitenaards wezen (het)	**Außerirdischer** (m)	['aʊsɐ‚ʔɪʀdɪʃɐ]
bovenaards (het)	**außerirdisches Wesen** (n)	['aʊsɐ‚ʔɪʀdɪʃəs 've:zən]

vliegende schotel (de)	fliegende Untertasse (f)	['fli:gəndə 'ʊntɐˌtasə]
ruimtevaartuig (het)	Raumschiff (n)	['ʀaʊmˌʃɪf]
ruimtestation (het)	Raumstation (f)	['ʀaʊm·ʃtatsjo:n]
start (de)	Raketenstart (m)	[ʀa'ke:tənˌʃtaʁt]
motor (de)	Triebwerk (n)	['tʀi:pˌvɛʁk]
straalpijp (de)	Düse (f)	['dy:zə]
brandstof (de)	Treibstoff (m)	['tʀaɪpˌʃtɔf]
cabine (de)	Kabine (f)	[ka'bi:nə]
antenne (de)	Antenne (f)	[an'tɛnə]
patrijspoort (de)	Bullauge (n)	['bʊlˌʔaʊgə]
zonnebatterij (de)	Sonnenbatterie (f)	['zɔnənˌbatə'ʀi:]
ruimtepak (het)	Raumanzug (m)	['ʀaʊmˌʔantsu:k]
gewichtloosheid (de)	Schwerelosigkeit (f)	['ʃve:ʀəˌlo:zɪçkaɪt]
zuurstof (de)	Sauerstoff (m)	['zaʊɐˌʃtɔf]
koppeling (de)	Ankopplung (f)	['anˌkɔplʊŋ]
koppeling maken	koppeln (vi)	['kɔpəln]
observatorium (het)	Observatorium (n)	[ɔpzɛʀva'to:ʀiʊm]
telescoop (de)	Teleskop (n)	[tele'sko:p]
waarnemen (ww)	beobachten (vt)	[bə'ʔo:baxtən]
exploreren (ww)	erforschen (vt)	[ɛʁ'fɔʀʃən]

75. De Aarde

Aarde (de)	Erde (f)	['e:ɐdə]
aardbol (de)	Erdkugel (f)	['e:ɐt·ku:gəl]
planeet (de)	Planet (m)	[pla'ne:t]
atmosfeer (de)	Atmosphäre (f)	[ʔatmo'sfɛ:ʀə]
aardrijkskunde (de)	Geographie (f)	[ˌgeoɡʀa'fi:]
natuur (de)	Natur (f)	[na'tu:ɐ]
wereldbol (de)	Globus (m)	['glo:bʊs]
kaart (de)	Landkarte (f)	['lantˌkaʁtə]
atlas (de)	Atlas (m)	['atlas]
Europa (het)	Europa (n)	[ɔɪ'ʀo:pa]
Azië (het)	Asien (n)	['a:ziən]
Afrika (het)	Afrika (n)	['a:fʀika]
Australië (het)	Australien (n)	[aʊs'tʀa:liən]
Amerika (het)	Amerika (n)	[a'me:ʀika]
Noord-Amerika (het)	Nordamerika (n)	['nɔʁtʔaˌme:ʀika]
Zuid-Amerika (het)	Südamerika (n)	['zy:tʔa'me:ʀika]
Antarctica (het)	Antarktis (f)	[ant'ʔaʁktɪs]
Arctis (de)	Arktis (f)	['aʁktɪs]

76. Windrichtingen

noorden (het)	**Norden** (m)	['nɔʁdən]
naar het noorden	**nach Norden**	[naːχ 'nɔʁdən]
in het noorden	**im Norden**	[ɪm 'nɔʁdən]
noordelijk (bn)	**nördlich**	['nœʁtlɪç]
zuiden (het)	**Süden** (m)	['zyːdən]
naar het zuiden	**nach Süden**	[naːχ 'zyːdən]
in het zuiden	**im Süden**	[ɪm 'zyːdən]
zuidelijk (bn)	**südlich**	['zyːtlɪç]
westen (het)	**Westen** (m)	['vɛstən]
naar het westen	**nach Westen**	[naːχ 'vɛstən]
in het westen	**im Westen**	[ɪm 'vɛstən]
westelijk (bn)	**westlich, West-**	['vɛstlɪç], [vɛst]
oosten (het)	**Osten** (m)	['ɔstən]
naar het oosten	**nach Osten**	[naːχ 'ɔstən]
in het oosten	**im Osten**	[ɪm 'ɔstən]
oostelijk (bn)	**östlich**	['œstlɪç]

77. Zee. Oceaan

zee (de)	**Meer** (n), **See** (f)	[meːɐ], [zeː]
oceaan (de)	**Ozean** (m)	['oːtseaːn]
golf (baai)	**Golf** (m)	[gɔlf]
straat (de)	**Meerenge** (f)	['meːɐˌʔɛŋə]
grond (vaste grond)	**Festland** (n)	['fɛstˌlant]
continent (het)	**Kontinent** (m)	['kɔntinɛnt]
eiland (het)	**Insel** (f)	['ɪnzəl]
schiereiland (het)	**Halbinsel** (f)	['halpˌʔɪnzəl]
archipel (de)	**Archipel** (m)	[ˌaʁçi'peːl]
baai, bocht (de)	**Bucht** (f)	[buχt]
haven (de)	**Hafen** (m)	['haːfən]
lagune (de)	**Lagune** (f)	[la'guːnə]
kaap (de)	**Kap** (n)	[kap]
atol (de)	**Atoll** (n)	[a'tɔl]
rif (het)	**Riff** (n)	[ʁɪf]
koraal (het)	**Koralle** (f)	[ko'ʁalə]
koraalrif (het)	**Korallenriff** (n)	[ko'ʁalənˌʁɪf]
diep (bn)	**tief**	[tiːf]
diepte (de)	**Tiefe** (f)	['tiːfə]
diepzee (de)	**Abgrund** (m)	['apˌgʁʊnt]
trog (bijv. Marianentrog)	**Graben** (m)	['gʁaːbən]
stroming (de)	**Strom** (m)	[ʃtʁoːm]
omspoelen (ww)	**umspülen** (vt)	['ʊmʃpyːlən]
oever (de)	**Ufer** (n)	['uːfɐ]

kust (de)	Küste (f)	['kʏstə]
vloed (de)	Flut (f)	[fluːt]
eb (de)	Ebbe (f)	['ɛbə]
ondiepte (ondiep water)	Sandbank (f)	['zant̩baŋk]
bodem (de)	Boden (m)	['boːdən]
golf (hoge ~)	Welle (f)	['vɛlə]
golfkam (de)	Wellenkamm (m)	['vɛlən̩kam]
schuim (het)	Schaum (m)	[ʃaʊm]
orkaan (de)	Orkan (m)	[ɔʁ'kaːn]
tsunami (de)	Tsunami (m)	[tsʊ'naːmi]
windstilte (de)	Windstille (f)	['vɪntʃtɪlə]
kalm (bijv. ~e zee)	ruhig	['ʁuːɪç]
pool (de)	Pol (m)	[poːl]
polair (bn)	Polar-	[po'laːɐ]
breedtegraad (de)	Breite (f)	['bʀaɪtə]
lengtegraad (de)	Länge (f)	['lɛŋə]
parallel (de)	Breitenkreis (m)	['bʀaɪtəən·kʀaɪs]
evenaar (de)	Äquator (m)	[ɛ'kvaːtoːɐ]
hemel (de)	Himmel (m)	['hɪməl]
horizon (de)	Horizont (m)	[hoʀi'tsɔnt]
lucht (de)	Luft (f)	[lʊft]
vuurtoren (de)	Leuchtturm (m)	['lɔɪçt̩tʊʁm]
duiken (ww)	tauchen (vi)	['taʊχən]
zinken (ov. een boot)	versinken (vi)	[fɛɐ'zɪŋkən]
schatten (mv.)	Schätze (pl)	['ʃɛtsə]

78. Namen van zeeën en oceanen

Atlantische Oceaan (de)	Atlantischer Ozean (m)	[at̩lantɪʃɐ 'oːtseaːn]
Indische Oceaan (de)	Indischer Ozean (m)	['ɪndɪʃɐ 'oːtseaːn]
Stille Oceaan (de)	Pazifischer Ozean (m)	[pa'tsiːfɪʃɐ 'oːtseaːn]
Noordelijke IJszee (de)	Arktischer Ozean (m)	['aʁktɪʃɐ 'oːtseaːn]
Zwarte Zee (de)	Schwarzes Meer (n)	['ʃvaʁtsəs 'meːɐ]
Rode Zee (de)	Rotes Meer (n)	['ʀoːtəs 'meːɐ]
Gele Zee (de)	Gelbes Meer (n)	['gɛlbəs 'meːɐ]
Witte Zee (de)	Weißes Meer (n)	[vaɪsəs 'meːɐ]
Kaspische Zee (de)	Kaspisches Meer (n)	['kaspɪʃəs meːɐ]
Dode Zee (de)	Totes Meer (n)	['toːtəs meːɐ]
Middellandse Zee (de)	Mittelmeer (n)	['mɪtəl̩meːɐ]
Egeïsche Zee (de)	Ägäisches Meer (n)	[ɛ'gɛːɪʃəs 'meːɐ]
Adriatische Zee (de)	Adriatisches Meer (n)	[adʀi'aːtɪʃəs 'meːɐ]
Arabische Zee (de)	Arabisches Meer (n)	[a'ʀaːbɪʃəs 'meːɐ]
Japanse Zee (de)	Japanisches Meer (n)	[ja'paːnɪʃəs meːɐ]
Beringzee (de)	Beringmeer (n)	['beːʀɪŋ̩meːɐ]

Zuid-Chinese Zee (de)	Südchinesisches Meer (n)	['zy:t·çi'ne:zıʃəs me:ɐ]
Koraalzee (de)	Korallenmeer (n)	[ko'ʀalən,me:ɐ]
Tasmanzee (de)	Tasmansee (f)	[tas'ma:n·ze:]
Caribische Zee (de)	Karibisches Meer (n)	[ka'ʀi:bıʃəs 'me:ɐ]
Barentszzee (de)	Barentssee (f)	['ba:ʀənts·ze:]
Karische Zee (de)	Karasee (f)	['kaʀa,ze:]
Noordzee (de)	Nordsee (f)	['nɔʀt,ze:]
Baltische Zee (de)	Ostsee (f)	['ɔstze:]
Noorse Zee (de)	Nordmeer (n)	['nɔʀt,me:ɐ]

79. Bergen

berg (de)	Berg (m)	[bɛʀk]
bergketen (de)	Gebirgskette (f)	[gə'bıʀks,kɛtə]
gebergte (het)	Bergrücken (m)	['bɛʀk,ʀʏkən]
bergtop (de)	Gipfel (m)	['gɪpfəl]
bergpiek (de)	Spitze (f)	['ʃpɪtsə]
voet (ov. de berg)	Bergfuß (m)	['bɛʀk,fu:s]
helling (de)	Abhang (m)	['ap,haŋ]
vulkaan (de)	Vulkan (m)	[vʊl'ka:n]
actieve vulkaan (de)	tätiger Vulkan (m)	['tɛ:tɪgə vʊl'ka:n]
uitgedoofde vulkaan (de)	schlafender Vulkan (m)	['ʃla:fəndə vʊl'ka:n]
uitbarsting (de)	Ausbruch (m)	['aʊs,bʀʊχ]
krater (de)	Krater (m)	['kʀa:tɐ]
magma (het)	Magma (n)	['magma]
lava (de)	Lava (f)	['la:va]
gloeiend (~e lava)	glühend heiß	['gly:ənt 'haɪs]
kloof (canyon)	Cañon (m)	[ka'njɔn]
bergkloof (de)	Schlucht (f)	[ʃlʊχt]
spleet (de)	Spalte (f)	['ʃpaltə]
afgrond (de)	Abgrund (m)	['ap,gʀʊnt]
bergpas (de)	Gebirgspass (m)	[gə'bıʀks,pas]
plateau (het)	Plateau (n)	[pla'to:]
klip (de)	Fels (m)	[fɛls]
heuvel (de)	Hügel (m)	['hy:gəl]
gletsjer (de)	Gletscher (m)	['glɛtʃɐ]
waterval (de)	Wasserfall (m)	['vasɐ,fal]
geiser (de)	Geiser (m)	['gaɪzɐ]
meer (het)	See (m)	[ze:]
vlakte (de)	Ebene (f)	['e:bənə]
landschap (het)	Landschaft (f)	['lantʃaft]
echo (de)	Echo (n)	['ɛço]
alpinist (de)	Bergsteiger (m)	['bɛʀk,ʃtaɪgɐ]
bergbeklimmer (de)	Kletterer (m)	['klɛtəʀɐ]

trotseren (berg ~)	bezwingen (vt)	[bə'tsvɪŋən]
beklimming (de)	Aufstieg (m)	['aʊfʃtiːk]

80. Bergen namen

Alpen (de)	Alpen (pl)	['alpən]
Mont Blanc (de)	Montblanc (m)	[moŋ'blaŋ]
Pyreneeën (de)	Pyrenäen (pl)	[pyʁe'nɛːən]
Karpaten (de)	Karpaten (pl)	[kaʁ'paːtən]
Oeralgebergte (het)	Ural (m), Uralgebirge (n)	[u'ʁaːl], [u'ʁaːl·gə'bɪʁgə]
Kaukasus (de)	Kaukasus (m)	['kaʊkazʊs]
Elbroes (de)	Elbrus (m)	[ɛl'bʁʊs]
Altaj (de)	Altai (m)	[al'taɪ]
Tiensjan (de)	Tian Shan (m)	['tjaːn 'ʃaːn]
Pamir (de)	Pamir (m)	[pa'miːɐ]
Himalaya (de)	Himalaja (m)	[hima'laːja]
Everest (de)	Everest (m)	['ɛvəʁɛst]
Andes (de)	Anden (pl)	['andən]
Kilimanjaro (de)	Kilimandscharo (m)	[kiliman'dʒaːʁo]

81. Rivieren

rivier (de)	Fluss (m)	[flʊs]
bron (~ van een rivier)	Quelle (f)	['kvɛlə]
rivierbedding (de)	Flussbett (n)	['flʊsˌbɛt]
rivierbekken (het)	Stromgebiet (n)	['ʃtʁoːmˌgə'biːt]
uitmonden in ...	einmünden in ...	['aɪnˌmʏndən ɪn]
zijrivier (de)	Nebenfluss (m)	['neːbənˌflʊs]
oever (de)	Ufer (n)	['uːfɐ]
stroming (de)	Strom (m)	[ʃtʁoːm]
stroomafwaarts (bw)	stromabwärts	['ʃtʁoːmˌapvɛʁts]
stroomopwaarts (bw)	stromaufwärts	['ʃtʁoːmˌaʊfvɛʁts]
overstroming (de)	Überschwemmung (f)	[yːbɐ'ʃvɛmʊŋ]
overstroming (de)	Hochwasser (n)	['hoːxˌvasɐ]
buiten zijn oevers treden	aus den Ufern treten	['aʊs den 'uːfɐn 'tʁeːtən]
overstromen (ww)	überfluten (vt)	[ˌyːbɐ'fluːtən]
zandbank (de)	Sandbank (f)	['zantˌbaŋk]
stroomversnelling (de)	Stromschnelle (f)	['ʃtʁoːmˌʃnɛlə]
dam (de)	Damm (m)	[dam]
kanaal (het)	Kanal (m)	[ka'naːl]
spaarbekken (het)	Stausee (m)	['ʃtaʊzeː]
sluis (de)	Schleuse (f)	['ʃlɔɪzə]
waterlichaam (het)	Gewässer (n)	[gə'vɛsɐ]
moeras (het)	Sumpf (m), Moor (n)	[zʊmpf], [moːɐ]

broek (het)	**Marsch** (f)	[maʁʃ]
draaikolk (de)	**Strudel** (m)	[ˈʃtʀuːdəl]
stroom (de)	**Bach** (m)	[bax]
drink- (abn)	**Trink-**	[ˈtʀɪŋk]
zoet (~ water)	**Süß-**	[zyːs]
ijs (het)	**Eis** (n)	[aɪs]
bevriezen (rivier, enz.)	**zufrieren** (vi)	[ˈtsuːˌfʀiːʀən]

82. Namen van rivieren

Seine (de)	**Seine** (f)	[ˈzɛːnə]
Loire (de)	**Loire** (f)	[luˈaːʀ]
Theems (de)	**Themse** (f)	[ˈtɛmzə]
Rijn (de)	**Rhein** (m)	[ʀaɪn]
Donau (de)	**Donau** (f)	[ˈdoːnaʊ]
Wolga (de)	**Wolga** (f)	[ˈvoːlga]
Don (de)	**Don** (m)	[dɔn]
Lena (de)	**Lena** (f)	[ˈleːna]
Gele Rivier (de)	**Gelber Fluss** (m)	[ˈgɛlbɐ ˈflʊs]
Blauwe Rivier (de)	**Jangtse** (m)	[ˈjangtsɛ]
Mekong (de)	**Mekong** (m)	[ˈmeːkɔŋ]
Ganges (de)	**Ganges** (m)	[ˈgaŋgɛs], [ˈgaŋəs]
Nijl (de)	**Nil** (m)	[niːl]
Kongo (de)	**Kongo** (m)	[ˈkɔŋgo]
Okavango (de)	**Okavango** (m)	[ɔkaˈvaŋgo]
Zambezi (de)	**Sambesi** (m)	[zamˈbeːzi]
Limpopo (de)	**Limpopo** (m)	[limpɔˈpo]
Mississippi (de)	**Mississippi** (m)	[mɪsɪˈsɪpi]

83. Bos

bos (het)	**Wald** (m)	[valt]
bos- (abn)	**Wald-**	[ˈvalt]
oerwoud (dicht bos)	**Dickicht** (n)	[ˈdɪkɪçt]
bosje (klein bos)	**Gehölz** (n)	[gəˈhœlts]
open plek (de)	**Lichtung** (f)	[ˈlɪçtʊŋ]
struikgewas (het)	**Dickicht** (n)	[ˈdɪkɪçt]
struiken (mv.)	**Gebüsch** (n)	[gəˈbyʃ]
paadje (het)	**Fußweg** (m)	[ˈfuːsˌveːk]
ravijn (het)	**Erosionsrinne** (f)	[eʀoˈzioːnsˈʀɪnə]
boom (de)	**Baum** (m)	[baʊm]
blad (het)	**Blatt** (n)	[blat]

gebladerte (het)	Laub (n)	[laʊp]
vallende bladeren (mv.)	Laubfall (m)	['laʊpˌfal]
vallen (ov. de bladeren)	fallen (vi)	['falən]
boomtop (de)	Wipfel (m)	['vɪpfəl]
tak (de)	Zweig (m)	[tsvaɪk]
ent (de)	Ast (m)	[ast]
knop (de)	Knospe (f)	['knɔspə]
naald (de)	Nadel (f)	['naːdəl]
dennenappel (de)	Zapfen (m)	['tsapfən]
boom holte (de)	Höhlung (f)	['høːˌlʊŋ]
nest (het)	Nest (n)	[nɛst]
hol (het)	Höhle (f)	['høːlə]
stam (de)	Stamm (m)	[ʃtam]
wortel (bijv. boom~s)	Wurzel (f)	['vʊʁtsəl]
schors (de)	Rinde (f)	['ʀɪndə]
mos (het)	Moos (n)	['moːs]
ontwortelen (een boom)	entwurzeln (vt)	[ɛnt'vʊʁtsəln]
kappen (een boom ~)	fällen (vt)	['fɛlən]
ontbossen (ww)	abholzen (vt)	['apˌhɔltsən]
stronk (de)	Baumstumpf (m)	['baʊmˌʃtʊmpf]
kampvuur (het)	Lagerfeuer (n)	['laːgɐˌfɔɪɐ]
bosbrand (de)	Waldbrand (m)	['valtˌbʀant]
blussen (ww)	löschen (vt)	['lœʃən]
boswachter (de)	Förster (m)	['fœʁstɐ]
bescherming (de)	Schutz (m)	[ʃʊts]
beschermen (bijv. de natuur ~)	beschützen (vt)	[bə'ʃʏtsən]
stroper (de)	Wilddieb (m)	['vɪltˌdiːp]
val (de)	Falle (f)	['falə]
plukken (paddestoelen ~)	sammeln (vt)	['zaməln]
plukken (bessen ~)	pflücken (vt)	['pflʏkən]
verdwalen (de weg kwijt zijn)	sich verirren	[zɪç fɛɐ'ʔɪʀən]

84. Natuurlijke hulpbronnen

natuurlijke rijkdommen (mv.)	Naturressourcen (pl)	[na'tuːɐ·ʀɛ'sʊʁsən]
delfstoffen (mv.)	Bodenschätze (pl)	['boːdənˌʃɛtsə]
lagen (mv.)	Vorkommen (n)	['foːɐˌkɔmən]
veld (bijv. olie~)	Feld (n)	[fɛlt]
winnen (uit erts ~)	gewinnen (vt)	[gə'vɪnən]
winning (de)	Gewinnung (f)	[gə'vɪnʊŋ]
erts (het)	Erz (n)	[eːɐts]
mijn (bijv. kolenmijn)	Bergwerk (n)	['bɛʁkˌvɛʁk]
mijnschacht (de)	Schacht (m)	[ʃaxt]
mijnwerker (de)	Bergarbeiter (m)	['bɛʁkʔaʁˌbaɪtɐ]
gas (het)	Erdgas (n)	['eːɐt·gaːs]

gasleiding (de)	**Gasleitung** (f)	['ga:sˌlaɪtʊŋ]
olie (aardolie)	**Erdöl** (n)	['eːɐtˌʔøːl]
olieleiding (de)	**Erdölleitung** (f)	['eːɐtʔøːlˌlaɪtʊŋ]
oliebron (de)	**Ölquelle** (f)	['øːlˌkvɛlə]
boortoren (de)	**Bohrturm** (m)	['boːɐˌtʊʁm]
tanker (de)	**Tanker** (m)	['taŋkɐ]
zand (het)	**Sand** (m)	[zant]
kalksteen (de)	**Kalkstein** (m)	['kalkʃtaɪn]
grind (het)	**Kies** (m)	[kiːs]
veen (het)	**Torf** (m)	[tɔʁf]
klei (de)	**Ton** (m)	[toːn]
steenkool (de)	**Kohle** (f)	['koːlə]
ijzer (het)	**Eisen** (n)	['aɪzən]
goud (het)	**Gold** (n)	[gɔlt]
zilver (het)	**Silber** (n)	['zɪlbə]
nikkel (het)	**Nickel** (n)	['nɪkəl]
koper (het)	**Kupfer** (n)	['kʊpfɐ]
zink (het)	**Zink** (n)	[tsɪŋk]
mangaan (het)	**Mangan** (n)	[maŋ'gaːn]
kwik (het)	**Quecksilber** (n)	['kvɛkˌzɪlbə]
lood (het)	**Blei** (n)	[blaɪ]
mineraal (het)	**Mineral** (n)	[mɪne'ʁaːl]
kristal (het)	**Kristall** (m)	[kʁɪs'tal]
marmer (het)	**Marmor** (m)	['maʁmoːɐ]
uraan (het)	**Uran** (n)	[u'ʁaːn]

85. Weer

weer (het)	**Wetter** (n)	['vɛtɐ]
weersvoorspelling (de)	**Wetterbericht** (m)	['vɛtɐbəˌʁɪçt]
temperatuur (de)	**Temperatur** (f)	[tɛmpəʁa'tuːɐ]
thermometer (de)	**Thermometer** (n)	[tɛʁmo'meːtɐ]
barometer (de)	**Barometer** (n)	[baʁo'meːtɐ]
vochtig (bn)	**feucht**	[fɔɪçt]
vochtigheid (de)	**Feuchtigkeit** (f)	['fɔɪçtɪçkaɪt]
hitte (de)	**Hitze** (f)	['hɪtsə]
heet (bn)	**glutheiß**	['gluːtˌhaɪs]
het is heet	**ist heiß**	[ist haɪs]
het is warm	**ist warm**	[ist vaʁm]
warm (bn)	**warm**	[vaʁm]
het is koud	**ist kalt**	[ist kalt]
koud (bn)	**kalt**	[kalt]
zon (de)	**Sonne** (f)	['zɔnə]
schijnen (de zon)	**scheinen** (vi)	['ʃaɪnən]
zonnig (~e dag)	**sonnig**	['zɔnɪç]
opgaan (ov. de zon)	**aufgehen** (vi)	['aʊfˌgeːən]

ondergaan (ww)	untergehen (vi)	['ʊntɐˌgeːən]
wolk (de)	Wolke (f)	['vɔlkə]
bewolkt (bn)	bewölkt	[bə'vœlkt]
regenwolk (de)	Regenwolke (f)	['ʀeːgənˌvɔlkə]
somber (bn)	trüb	[tʀyːp]
regen (de)	Regen (m)	['ʀeːgən]
het regent	Es regnet	[ɛs 'ʀeːgnət]
regenachtig (bn)	regnerisch	['ʀeːgnəʀɪʃ]
motregenen (ww)	nieseln (vi)	['niːzəln]
plensbui (de)	strömender Regen (m)	['ʃtʀøːməntdə 'ʀeːgən]
stortbui (de)	Regenschauer (m)	['ʀeːgənˌʃaʊɐ]
hard (bn)	stark	[ʃtaʁk]
plas (de)	Pfütze (f)	['pfʏtsə]
nat worden (ww)	nass werden (vi)	[nas 'veːɐdən]
mist (de)	Nebel (m)	['neːbəl]
mistig (bn)	neblig	['neːblɪç]
sneeuw (de)	Schnee (m)	[ʃneː]
het sneeuwt	Es schneit	[ɛs 'ʃnaɪt]

86. Zwaar weer. Natuurrampen

noodweer (storm)	Gewitter (n)	[gə'vɪtɐ]
bliksem (de)	Blitz (m)	[blɪts]
flitsen (ww)	blitzen (vi)	['blɪtsən]
donder (de)	Donner (m)	['dɔnɐ]
donderen (ww)	donnern (vi)	['dɔnɐn]
het dondert	Es donnert	[ɛs 'dɔnɐt]
hagel (de)	Hagel (m)	['haːgəl]
het hagelt	Es hagelt	[ɛs 'haːgəlt]
overstromen (ww)	überfluten (vt)	[ˌyːbɐ'fluːtən]
overstroming (de)	Überschwemmung (f)	[yːbɐ'ʃvɛmʊŋ]
aardbeving (de)	Erdbeben (n)	['eːɐtˌbeːbən]
aardschok (de)	Erschütterung (f)	[ɛɐ'ʃʏtəʀʊŋ]
epicentrum (het)	Epizentrum (n)	[ˌepi'tsɛntʀʊm]
uitbarsting (de)	Ausbruch (m)	['aʊsˌbʀʊχ]
lava (de)	Lava (f)	['laːva]
wervelwind (de)	Wirbelsturm (m)	['vɪʁbəlˌʃtʊʁm]
windhoos (de)	Tornado (m)	[tɔʁ'naːdo]
tyfoon (de)	Taifun (m)	[taɪ'fuːn]
orkaan (de)	Orkan (m)	[ɔʁ'kaːn]
storm (de)	Sturm (m)	[ʃtʊʁm]
tsunami (de)	Tsunami (m)	[tsu'naːmi]
cycloon (de)	Zyklon (m)	[tsy'kloːn]
onweer (het)	Unwetter (n)	['ʊnˌvɛtɐ]

brand (de)	**Brand** (m)	[bʀant]
ramp (de)	**Katastrophe** (f)	[ˌkatas'tʀoːfə]
meteoriet (de)	**Meteorit** (m)	[meteo'ʀiːt]
lawine (de)	**Lawine** (f)	[la'viːnə]
sneeuwverschuiving (de)	**Schneelawine** (f)	['ʃneːlaˌviːnə]
sneeuwjacht (de)	**Schneegestöber** (n)	['ʃneːgəˌʃtøːbɐ]
sneeuwstorm (de)	**Schneesturm** (m)	['ʃneːˌʃtʊʀm]

FAUNA

87. Zoogdieren. Roofdieren

roofdier (het)	**Raubtier** (n)	['ʀaʊptiːɐ]
tijger (de)	**Tiger** (m)	['tiːgɐ]
leeuw (de)	**Löwe** (m)	['løːvə]
wolf (de)	**Wolf** (m)	[vɔlf]
vos (de)	**Fuchs** (m)	[fʊks]
jaguar (de)	**Jaguar** (m)	['jaːguaːɐ]
luipaard (de)	**Leopard** (m)	[leo'paʁt]
jachtluipaard (de)	**Gepard** (m)	[ge'paʁt]
panter (de)	**Panther** (m)	['pantɐ]
poema (de)	**Puma** (m)	['puːma]
sneeuwluipaard (de)	**Schneeleopard** (m)	['ʃneːleoˌpaʁt]
lynx (de)	**Luchs** (m)	[lʊks]
coyote (de)	**Kojote** (m)	[kɔ'joːtə]
jakhals (de)	**Schakal** (m)	[ʃa'kaːl]
hyena (de)	**Hyäne** (f)	['hyɛːnə]

88. Wilde dieren

dier (het)	**Tier** (n)	[tiːɐ]
beest (het)	**Bestie** (f)	['bɛstɪə]
eekhoorn (de)	**Eichhörnchen** (n)	['aɪçˌhœʁnçən]
egel (de)	**Igel** (m)	['iːgəl]
haas (de)	**Hase** (m)	['haːzə]
konijn (het)	**Kaninchen** (n)	[ka'niːnçən]
das (de)	**Dachs** (m)	[daks]
wasbeer (de)	**Waschbär** (m)	['vaʃˌbɛːɐ]
hamster (de)	**Hamster** (m)	['hamstɐ]
marmot (de)	**Murmeltier** (n)	['mʊʁməlˌtiːɐ]
mol (de)	**Maulwurf** (m)	['maʊlˌvʊʁf]
muis (de)	**Maus** (f)	[maʊs]
rat (de)	**Ratte** (f)	['ʀatə]
vleermuis (de)	**Fledermaus** (f)	['fleːdɐˌmaʊs]
hermelijn (de)	**Hermelin** (n)	[hɛʀmə'liːn]
sabeldier (het)	**Zobel** (m)	['tsoːbəl]
marter (de)	**Marder** (m)	['maʁdɐ]
wezel (de)	**Wiesel** (n)	['viːzəl]
nerts (de)	**Nerz** (m)	[nɛʁts]

bever (de)	Biber (m)	['bi:bɐ]
otter (de)	Fischotter (m)	['fɪʃˌʔɔtɐ]
paard (het)	Pferd (n)	[pfeːɐt]
eland (de)	Elch (m)	[ɛlç]
hert (het)	Hirsch (m)	[hɪʁʃ]
kameel (de)	Kamel (n)	[ka'meːl]
bizon (de)	Bison (m)	['biːzɔn]
wisent (de)	Wisent (m)	['viːzɛnt]
buffel (de)	Büffel (m)	['bʏfəl]
zebra (de)	Zebra (n)	['tseːbʁa]
antilope (de)	Antilope (f)	[anti'loːpə]
ree (de)	Reh (n)	[ʁeː]
damhert (het)	Damhirsch (m)	['damhɪʁʃ]
gems (de)	Gämse (f)	['gɛmzə]
everzwijn (het)	Wildschwein (n)	['vɪltʃvaɪn]
walvis (de)	Wal (m)	[vaːl]
rob (de)	Seehund (m)	['zeːˌhʊnt]
walrus (de)	Walroß (n)	['vaːlˌʁɔs]
zeebeer (de)	Seebär (m)	['zeːˌbɛːɐ]
dolfijn (de)	Delfin (m)	[dɛl'fiːn]
beer (de)	Bär (m)	[bɛːɐ]
ijsbeer (de)	Eisbär (m)	['aɪsˌbɛːɐ]
panda (de)	Panda (m)	['panda]
aap (de)	Affe (m)	['afə]
chimpansee (de)	Schimpanse (m)	[ʃɪm'panzə]
orang-oetan (de)	Orang-Utan (m)	['oːʁaŋˌʔuːtan]
gorilla (de)	Gorilla (m)	[go'ʁɪla]
makaak (de)	Makak (m)	[ma'kak]
gibbon (de)	Gibbon (m)	['gɪbɔn]
olifant (de)	Elefant (m)	[ele'fant]
neushoorn (de)	Nashorn (n)	['naːsˌhɔʁn]
giraffe (de)	Giraffe (f)	[ˌgi'ʁafə]
nijlpaard (het)	Flusspferd (n)	['flʊsˌpfeːɐt]
kangoeroe (de)	Känguru (n)	['kɛŋguʁu]
koala (de)	Koala (m)	[ko'aːla]
mangoest (de)	Manguste (f)	[maŋ'gʊstə]
chinchilla (de)	Chinchilla (n)	[tʃɪn'tʃɪla]
stinkdier (het)	Stinktier (n)	['ʃtɪŋkˌtiːɐ]
stekelvarken (het)	Stachelschwein (n)	['ʃtaχəlʃvaɪn]

89. Huisdieren

poes (de)	Katze (f)	['katsə]
kater (de)	Kater (m)	['kaːtɐ]
hond (de)	Hund (m)	[hʊnt]

paard (het)	**Pferd** (n)	[pfe:ɐt]
hengst (de)	**Hengst** (m)	[ˈhɛŋst]
merrie (de)	**Stute** (f)	[ˈʃtu:tə]

koe (de)	**Kuh** (f)	[ku:]
bul, stier (de)	**Stier** (m)	[ʃti:ɐ]
os (de)	**Ochse** (m)	[ˈɔksə]

schaap (het)	**Schaf** (n)	[ʃa:f]
ram (de)	**Widder** (m)	[ˈvɪdɐ]
geit (de)	**Ziege** (f)	[ˈtsi:gə]
bok (de)	**Ziegenbock** (m)	[ˈtsi:gənˌbɔk]

ezel (de)	**Esel** (m)	[ˈe:zəl]
muilezel (de)	**Maultier** (n)	[ˈmaʊlˌti:ɐ]

varken (het)	**Schwein** (n)	[ʃvaɪn]
biggetje (het)	**Ferkel** (n)	[ˈfɛʁkəl]
konijn (het)	**Kaninchen** (n)	[kaˈni:nçən]

kip (de)	**Huhn** (n)	[hu:n]
haan (de)	**Hahn** (m)	[ha:n]

eend (de)	**Ente** (f)	[ˈɛntə]
woerd (de)	**Enterich** (m)	[ˈɛntəʁɪç]
gans (de)	**Gans** (f)	[gans]

kalkoen haan (de)	**Puter** (m)	[ˈpu:tɐ]
kalkoen (de)	**Pute** (f)	[ˈpu:tə]

huisdieren (mv.)	**Haustiere** (pl)	[ˈhaʊsˌti:ʁə]
tam (bijv. hamster)	**zahm**	[tsa:m]
temmen (tam maken)	**zähmen** (vt)	[ˈtsɛ:mən]
fokken (bijv. paarden ~)	**züchten** (vt)	[ˈtsʏçtən]

boerderij (de)	**Farm** (f)	[faʁm]
gevogelte (het)	**Geflügel** (n)	[gəˈfly:gəl]
rundvee (het)	**Vieh** (n)	[fi:]
kudde (de)	**Herde** (f)	[ˈhe:ɐdə]

paardenstal (de)	**Pferdestall** (m)	[ˈpfe:ɐdəˌʃtal]
zwijnenstal (de)	**Schweinestall** (m)	[ˈʃvaɪnəˌʃtal]
koeienstal (de)	**Kuhstall** (m)	[ˈku:ʃtal]
konijnenhok (het)	**Kaninchenstall** (m)	[kaˈni:nçənˌʃtal]
kippenhok (het)	**Hühnerstall** (m)	[ˈhy:nɐˌʃtal]

90. Vogels

vogel (de)	**Vogel** (m)	[ˈfo:gəl]
duif (de)	**Taube** (f)	[ˈtaʊbə]
mus (de)	**Spatz** (m)	[ʃpats]
koolmees (de)	**Meise** (f)	[ˈmaɪzə]
ekster (de)	**Elster** (f)	[ˈɛlstɐ]
raaf (de)	**Rabe** (m)	[ˈʁa:bə]

kraai (de)	Krähe (f)	['krɛ:ə]
kauw (de)	Dohle (f)	['do:lə]
roek (de)	Saatkrähe (f)	['za:t͜ˌkrɛ:ə]
eend (de)	Ente (f)	['ɛntə]
gans (de)	Gans (f)	[gans]
fazant (de)	Fasan (m)	[fa'za:n]
arend (de)	Adler (m)	['a:dlɐ]
havik (de)	Habicht (m)	['ha:bɪçt]
valk (de)	Falke (m)	['falkə]
gier (de)	Greif (m)	[graɪf]
condor (de)	Kondor (m)	['kɔndo:ɐ]
zwaan (de)	Schwan (m)	[ʃva:n]
kraanvogel (de)	Kranich (m)	['kra:nɪç]
ooievaar (de)	Storch (m)	[ʃtɔʁç]
papegaai (de)	Papagei (m)	[papa'gaɪ]
kolibrie (de)	Kolibri (m)	['ko:libri]
pauw (de)	Pfau (m)	[pfaʊ]
struisvogel (de)	Strauß (m)	[ʃtraʊs]
reiger (de)	Reiher (m)	['raɪɐ]
flamingo (de)	Flamingo (m)	[fla'mɪŋgo]
pelikaan (de)	Pelikan (m)	['pe:lika:n]
nachtegaal (de)	Nachtigall (f)	['naxtɪgal]
zwaluw (de)	Schwalbe (f)	['ʃvalbə]
lijster (de)	Drossel (f)	['drɔsəl]
zanglijster (de)	Singdrossel (f)	['zɪŋˌdrɔsəl]
merel (de)	Amsel (f)	['amzəl]
gierzwaluw (de)	Segler (m)	['ze:glɐ]
leeuwerik (de)	Lerche (f)	['lɛʁçə]
kwartel (de)	Wachtel (f)	['vaxtəl]
specht (de)	Specht (m)	[ʃpɛçt]
koekoek (de)	Kuckuck (m)	['kʊkʊk]
uil (de)	Eule (f)	['ɔɪlə]
oehoe (de)	Uhu (m)	['u:hu]
auerhoen (het)	Auerhahn (m)	['aʊɐˌha:n]
korhoen (het)	Birkhahn (m)	['bɪʁkˌha:n]
patrijs (de)	Rebhuhn (n)	['re:pˌhu:n]
spreeuw (de)	Star (m)	[ʃta:ɐ]
kanarie (de)	Kanarienvogel (m)	[ka'na:rɪənˌfo:gəl]
hazelhoen (het)	Haselhuhn (n)	['ha:zəlˌhu:n]
vink (de)	Buchfink (m)	['bu:χfɪŋk]
goudvink (de)	Gimpel (m)	['gɪmpəl]
meeuw (de)	Möwe (f)	['mø:və]
albatros (de)	Albatros (m)	['albatrɔs]
pinguïn (de)	Pinguin (m)	['pɪŋguiː n]

91. Vis. Zeedieren

brasem (de)	**Brachse** (f)	['bʀaksə]
karper (de)	**Karpfen** (m)	['kaʁpfən]
baars (de)	**Barsch** (m)	[baʁʃ]
meerval (de)	**Wels** (m)	[vɛls]
snoek (de)	**Hecht** (m)	[hɛçt]
zalm (de)	**Lachs** (m)	[laks]
steur (de)	**Stör** (m)	[ʃtøːɐ]
haring (de)	**Hering** (m)	['heːʀɪŋ]
atlantische zalm (de)	**atlantische Lachs** (m)	[at'lantɪʃə laks]
makreel (de)	**Makrele** (f)	[ma'kʀeːlə]
platvis (de)	**Scholle** (f)	['ʃɔlə]
snoekbaars (de)	**Zander** (m)	['tsandɐ]
kabeljauw (de)	**Dorsch** (m)	[doʁʃ]
tonijn (de)	**Tunfisch** (m)	['tuːnfɪʃ]
forel (de)	**Forelle** (f)	[ˌfo'ʀɛlə]
paling (de)	**Aal** (m)	[aːl]
sidderrog (de)	**Zitterrochen** (m)	['tsɪtɐˌʀɔχən]
murene (de)	**Muräne** (f)	[muˈʀɛːnə]
piranha (de)	**Piranha** (m)	[piˈʀanja]
haai (de)	**Hai** (m)	[haɪ]
dolfijn (de)	**Delfin** (m)	[dɛlˈfiːn]
walvis (de)	**Wal** (m)	[vaːl]
krab (de)	**Krabbe** (f)	['kʀabə]
kwal (de)	**Meduse** (f)	[meˈduːzə]
octopus (de)	**Krake** (m)	['kʀaːkə]
zeester (de)	**Seestern** (m)	['zeːˌʃtɛʁn]
zee-egel (de)	**Seeigel** (m)	['zeːˌʔiːgəl]
zeepaardje (het)	**Seepferdchen** (n)	['zeːˌpfeːɐtçən]
oester (de)	**Auster** (f)	['aʊstɐ]
garnaal (de)	**Garnele** (f)	[gaʁˈneːlə]
kreeft (de)	**Hummer** (m)	['hʊmɐ]
langoest (de)	**Languste** (f)	[lanˈgʊstə]

92. Amfibieën. Reptielen

slang (de)	**Schlange** (f)	['ʃlaŋə]
giftig (slang)	**Gift-, giftig**	[gɪft], ['gɪftɪç]
adder (de)	**Viper** (f)	['viːpɐ]
cobra (de)	**Kobra** (f)	['koːbʀa]
python (de)	**Python** (m)	['pyːtɔn]
boa (de)	**Boa** (f)	['boːa]
ringslang (de)	**Ringelnatter** (f)	['ʀɪŋəlˌnatɐ]

ratelslang (de)	**Klapperschlange** (f)	[ˈklapɐˌʃlaŋə]
anaconda (de)	**Anakonda** (f)	[anaˈkɔnda]
hagedis (de)	**Eidechse** (f)	[ˈaɪdɛksə]
leguaan (de)	**Leguan** (m)	[leˈgua:n]
varaan (de)	**Waran** (m)	[vaˈʀa:n]
salamander (de)	**Salamander** (m)	[zalaˈmandɐ]
kameleon (de)	**Chamäleon** (n)	[kaˈmɛːleˌɔn]
schorpioen (de)	**Skorpion** (m)	[skɔʁˈpjoːn]
schildpad (de)	**Schildkröte** (f)	[ˈʃɪltˌkʀøːtə]
kikker (de)	**Frosch** (m)	[fʀɔʃ]
pad (de)	**Kröte** (f)	[ˈkʀøːtə]
krokodil (de)	**Krokodil** (n)	[kʀokoˈdiːl]

93. Insecten

insect (het)	**Insekt** (n)	[ɪnˈzɛkt]
vlinder (de)	**Schmetterling** (m)	[ˈʃmɛtɐlɪŋ]
mier (de)	**Ameise** (f)	[ˈaːmaɪzə]
vlieg (de)	**Fliege** (f)	[ˈfliːgə]
mug (de)	**Mücke** (f)	[ˈmʏkə]
kever (de)	**Käfer** (m)	[ˈkɛːfɐ]
wesp (de)	**Wespe** (f)	[ˈvɛspə]
bij (de)	**Biene** (f)	[ˈbiːnə]
hommel (de)	**Hummel** (f)	[ˈhʊməl]
horzel (de)	**Bremse** (f)	[ˈbʀɛmzə]
spin (de)	**Spinne** (f)	[ˈʃpɪnə]
spinnenweb (het)	**Spinnennetz** (n)	[ˈʃpɪnənˌnɛts]
libel (de)	**Libelle** (f)	[liˈbɛlə]
sprinkhaan (de)	**Grashüpfer** (m)	[ˈgʀaːsˌhʏpfɐ]
nachtvlinder (de)	**Schmetterling** (m)	[ˈʃmɛtɐlɪŋ]
kakkerlak (de)	**Schabe** (f)	[ˈʃaːbə]
teek (de)	**Zecke** (f)	[ˈtsɛkə]
vlo (de)	**Floh** (m)	[floː]
kriebelmug (de)	**Kriebelmücke** (f)	[ˈkʀiːbəlˌmʏkə]
treksprinkhaan (de)	**Heuschrecke** (f)	[ˈhɔɪʃʀɛkə]
slak (de)	**Schnecke** (f)	[ˈʃnɛkə]
krekel (de)	**Heimchen** (n)	[ˈhaɪmçən]
glimworm (de)	**Leuchtkäfer** (m)	[ˈlɔɪçtˌkɛːfɐ]
lieveheersbeestje (het)	**Marienkäfer** (m)	[maˈʀiːənˌkɛːfɐ]
meikever (de)	**Maikäfer** (m)	[ˈmaɪˌkɛːfɐ]
bloedzuiger (de)	**Blutegel** (m)	[ˈbluːtˌʔeːgəl]
rups (de)	**Raupe** (f)	[ˈʀaʊpə]
aardworm (de)	**Wurm** (m)	[vʊʀm]
larve (de)	**Larve** (f)	[ˈlaʁfə]

FLORA

94. Bomen

boom (de)	**Baum** (m)	[baʊm]
loof- (abn)	**Laub-**	[laʊp]
dennen- (abn)	**Nadel-**	['naːdəl]
groenblijvend (bn)	**immergrün**	['ɪmɐˌɡʀyːn]
appelboom (de)	**Apfelbaum** (m)	['apfəlˌbaʊm]
perenboom (de)	**Birnbaum** (m)	['bɪʀnˌbaʊm]
zoete kers (de)	**Süßkirschbaum** (m)	['zyːskɪʀʃˌbaʊm]
zure kers (de)	**Sauerkirschbaum** (m)	[zaʊə'kɪʀʃˌbaʊm]
pruimelaar (de)	**Pflaumenbaum** (m)	['pflaʊmənˌbaʊm]
berk (de)	**Birke** (f)	['bɪʀkə]
eik (de)	**Eiche** (f)	['aɪçə]
linde (de)	**Linde** (f)	['lɪndə]
esp (de)	**Espe** (f)	['ɛspə]
esdoorn (de)	**Ahorn** (m)	['aːhoʀn]
spar (de)	**Fichte** (f)	['fɪçtə]
den (de)	**Kiefer** (f)	['kiːfɐ]
lariks (de)	**Lärche** (f)	['lɛʀçə]
zilverspar (de)	**Tanne** (f)	['tanə]
ceder (de)	**Zeder** (f)	['tseːdɐ]
populier (de)	**Pappel** (f)	['papəl]
lijsterbes (de)	**Vogelbeerbaum** (m)	['foːɡəlbeːɐˌbaʊm]
wilg (de)	**Weide** (f)	['vaɪdə]
els (de)	**Erle** (f)	['ɛʀlə]
beuk (de)	**Buche** (f)	['buːχə]
iep (de)	**Ulme** (f)	['ʊlmə]
es (de)	**Esche** (f)	['ɛʃə]
kastanje (de)	**Kastanie** (f)	[kas'taːniə]
magnolia (de)	**Magnolie** (f)	[maɡ'noːlɪə]
palm (de)	**Palme** (f)	['palmə]
cipres (de)	**Zypresse** (f)	[tsy'pʀɛsə]
mangrove (de)	**Mangrovenbaum** (m)	[maŋ'ɡroːvənˌbaʊm]
baobab (apenbroodboom)	**Baobab** (m)	['baːobap]
eucalyptus (de)	**Eukalyptus** (m)	[ɔɪka'lʏptʊs]
mammoetboom (de)	**Mammutbaum** (m)	['mamʊtˌbaʊm]

95. Heesters

struik (de)	**Strauch** (m)	[ʃtʀaʊχ]
heester (de)	**Gebüsch** (n)	[ɡə'bʏʃ]

wijnstok (de)	**Weinstock** (m)	['vaɪnˌʃtɔk]
wijngaard (de)	**Weinberg** (m)	['vaɪnˌbɛʁk]
frambozenstruik (de)	**Himbeerstrauch** (m)	['hɪmbeːɐˌʃtʁaʊχ]
zwarte bes (de)	**schwarze Johannisbeere** (f)	['ʃvaʁtsə joː'hanɪsbeːʁə]
rode bessenstruik (de)	**rote Johannisbeere** (f)	['ʁoːtə joː'hanɪsbeːʁə]
kruisbessenstruik (de)	**Stachelbeerstrauch** (m)	['ʃtaχəlbeːɐˌʃtʁaʊχ]
acacia (de)	**Akazie** (f)	[a'kaːtsiə]
zuurbes (de)	**Berberitze** (f)	[bɛʁbə'ʁɪtsə]
jasmijn (de)	**Jasmin** (m)	[jas'miːn]
jeneverbes (de)	**Wacholder** (m)	[va'χɔldɐ]
rozenstruik (de)	**Rosenstrauch** (m)	['ʁoːzənˌʃtʁaʊχ]
hondsroos (de)	**Heckenrose** (f)	['hɛkənˌʁoːzə]

96. Vruchten. Bessen

vrucht (de)	**Frucht** (f)	[fʁʊχt]
vruchten (mv.)	**Früchte** (pl)	['fʁʏçtə]
appel (de)	**Apfel** (m)	['apfəl]
peer (de)	**Birne** (f)	['bɪʁnə]
pruim (de)	**Pflaume** (f)	['pflaʊmə]
aardbei (de)	**Erdbeere** (f)	['eːɐtˌbeːʁə]
zure kers (de)	**Sauerkirsche** (f)	['zaʊɐˌkɪʁʃə]
zoete kers (de)	**Süßkirsche** (f)	['zyːsˌkɪʁʃə]
druif (de)	**Weintrauben** (pl)	['vaɪnˌtʁaʊbən]
framboos (de)	**Himbeere** (f)	['hɪmˌbeːʁə]
zwarte bes (de)	**schwarze Johannisbeere** (f)	['ʃvaʁtsə joː'hanɪsbeːʁə]
rode bes (de)	**rote Johannisbeere** (f)	['ʁoːtə joː'hanɪsbeːʁə]
kruisbes (de)	**Stachelbeere** (f)	['ʃtaχəlˌbeːʁə]
veenbes (de)	**Moosbeere** (f)	['moːsˌbeːʁə]
sinaasappel (de)	**Apfelsine** (f)	[apfəl'ziːnə]
mandarijn (de)	**Mandarine** (f)	[ˌmanda'ʁiːnə]
ananas (de)	**Ananas** (f)	['ananas]
banaan (de)	**Banane** (f)	[ba'naːnə]
dadel (de)	**Dattel** (f)	['datəl]
citroen (de)	**Zitrone** (f)	[tsi'tʁoːnə]
abrikoos (de)	**Aprikose** (f)	[ˌapʁi'koːzə]
perzik (de)	**Pfirsich** (m)	['pfɪʁzɪç]
kiwi (de)	**Kiwi, Kiwifrucht** (f)	['kiːvi], ['kiːviˌfʁʊχt]
grapefruit (de)	**Grapefruit** (f)	['gʁɛɪpˌfʁuːt]
bes (de)	**Beere** (f)	['beːʁə]
bessen (mv.)	**Beeren** (pl)	['beːʁən]
vossenbes (de)	**Preiselbeere** (f)	['pʁaɪzəlˌbeːʁə]
bosaardbei (de)	**Walderdbeere** (f)	['valtʔeːɐtˌbeːʁə]
blauwe bosbes (de)	**Heidelbeere** (f)	['haɪdəlˌbeːʁə]

97. Bloemen. Planten

bloem (de)	**Blume** (f)	['bluːmə]
boeket (het)	**Blumenstrauß** (m)	['bluːmənˌʃtʀaʊs]

roos (de)	**Rose** (f)	['ʀoːzə]
tulp (de)	**Tulpe** (f)	['tʊlpə]
anjer (de)	**Nelke** (f)	['nɛlkə]
gladiool (de)	**Gladiole** (f)	[ˌglaˈdɪoːlə]

korenbloem (de)	**Kornblume** (f)	['kɔʁnˌbluːmə]
klokje (het)	**Glockenblume** (f)	['glɔkənˌbluːmə]
paardenbloem (de)	**Löwenzahn** (m)	['løːvənˌtsaːn]
kamille (de)	**Kamille** (f)	[kaˈmɪlə]

aloë (de)	**Aloe** (f)	['aːloe]
cactus (de)	**Kaktus** (m)	['kaktʊs]
ficus (de)	**Gummibaum** (m)	['gʊmiˌbaʊm]

lelie (de)	**Lilie** (f)	['liːliə]
geranium (de)	**Geranie** (f)	[geˈʀaːnɪə]
hyacint (de)	**Hyazinthe** (f)	[hyaˈtsɪntə]

mimosa (de)	**Mimose** (f)	[miˈmoːzə]
narcis (de)	**Narzisse** (f)	[naʁˈtsɪsə]
Oost-Indische kers (de)	**Kapuzinerkresse** (f)	[ˌkapuˈtsiːnɐˌkʀɛsə]

orchidee (de)	**Orchidee** (f)	[ˌɔʁçiˈdeːə]
pioenroos (de)	**Pfingstrose** (f)	['pfɪŋstˌʀoːzə]
viooltje (het)	**Veilchen** (n)	['faɪlçən]

driekleurig viooltje (het)	**Stiefmütterchen** (n)	['ʃtiːfˌmytɐçən]
vergeet-mij-nietje (het)	**Vergissmeinnicht** (n)	[fɛɐ̯ˈgɪsmaɪnˌnɪçt]
madeliefje (het)	**Gänseblümchen** (n)	['gɛnzəˌblyːmçən]

papaver (de)	**Mohn** (m)	[moːn]
hennep (de)	**Hanf** (m)	[hanf]
munt (de)	**Minze** (f)	['mɪntsə]

lelietje-van-dalen (het)	**Maiglöckchen** (n)	['maɪˌglœkçən]
sneeuwklokje (het)	**Schneeglöckchen** (n)	['ʃneːglœkçən]

brandnetel (de)	**Brennnessel** (f)	['bʀɛnˌnɛsəl]
veldzuring (de)	**Sauerampfer** (m)	['zaʊɐˌʔampfɐ]
waterlelie (de)	**Seerose** (f)	['zeːˌʀoːzə]
varen (de)	**Farn** (m)	[faʁn]
korstmos (het)	**Flechte** (f)	['flɛçtə]

oranjerie (de)	**Gewächshaus** (n)	[gəˈvɛksˌhaʊs]
gazon (het)	**Rasen** (m)	['ʀaːzən]
bloemperk (het)	**Blumenbeet** (n)	['bluːmənˌbeːt]

plant (de)	**Pflanze** (f)	['pflantsə]
gras (het)	**Gras** (n)	[gʀaːs]
grasspriet (de)	**Grashalm** (m)	['gʀaːsˌhalm]

blad (het)	**Blatt** (n)	[blat]
bloemblad (het)	**Blütenblatt** (n)	[ˈbly:tənˌblat]
stengel (de)	**Stiel** (m)	[ʃti:l]
knol (de)	**Knolle** (f)	[ˈknɔlə]
scheut (de)	**Jungpflanze** (f)	[ˈjʊŋˌpflantsə]
doorn (de)	**Dorn** (m)	[dɔʁn]
bloeien (ww)	**blühen** (vi)	[ˈbly:ən]
verwelken (ww)	**welken** (vi)	[ˈvɛlkən]
geur (de)	**Geruch** (m)	[gəˈʁʊχ]
snijden (bijv. bloemen ~)	**abschneiden** (vt)	[ˈapˌʃnaɪdən]
plukken (bloemen ~)	**pflücken** (vt)	[ˈpflʏkən]

98. Granen, graankorrels

graan (het)	**Getreide** (n)	[gəˈtʁaɪdə]
graangewassen (mv.)	**Getreidepflanzen** (pl)	[gəˈtʁaɪdəˌpflantsən]
aar (de)	**Ähre** (f)	[ˈɛːʁə]
tarwe (de)	**Weizen** (m)	[ˈvaɪtsən]
rogge (de)	**Roggen** (m)	[ˈʁɔgən]
haver (de)	**Hafer** (m)	[ˈhaːfɐ]
gierst (de)	**Hirse** (f)	[ˈhɪʁzə]
gerst (de)	**Gerste** (f)	[ˈgɛʁstə]
maïs (de)	**Mais** (m)	[ˈmaɪs]
rijst (de)	**Reis** (m)	[ʁaɪs]
boekweit (de)	**Buchweizen** (m)	[ˈbuːχˌvaɪtsən]
erwt (de)	**Erbse** (f)	[ˈɛʁpsə]
nierboon (de)	**weiße Bohne** (f)	[ˈvaɪsə ˈboːnə]
soja (de)	**Sojabohne** (f)	[ˈzoːjaˌboːnə]
linze (de)	**Linse** (f)	[ˈlɪnzə]
bonen (mv.)	**Bohnen** (pl)	[ˈboːnən]

LANDEN VAN DE WERELD

99. Landen. Deel 1

Afghanistan (het)	**Afghanistan** (n)	[afˈgaːnɪstaːn]
Albanië (het)	**Albanien** (n)	[alˈbaːniən]
Argentinië (het)	**Argentinien** (n)	[ˌaʁɡɛnˈtiːniən]
Armenië (het)	**Armenien** (n)	[aʁˈmeːniən]
Australië (het)	**Australien** (n)	[aʊsˈtraːliən]
Azerbeidzjan (het)	**Aserbaidschan** (n)	[ˌazɛʁbaɪˈdʒaːn]
Bahama's (mv.)	**Die Bahamas**	[di baˈhaːmaːs]
Bangladesh (het)	**Bangladesch** (n)	[ˌbaŋglaˈdɛʃ]
België (het)	**Belgien** (n)	[ˈbɛlɡɪən]
Bolivia (het)	**Bolivien** (n)	[boˈliːvɪən]
Bosnië en Herzegovina (het)	**Bosnien und Herzegowina** (n)	[ˈbɔsnɪən ʊnt ˌhɛʁtsəˈɡɔvinaː]
Brazilië (het)	**Brasilien** (n)	[bʀaˈziːlɪən]
Bulgarije (het)	**Bulgarien** (n)	[bʊlˈɡaːʀɪən]
Cambodja (het)	**Kambodscha** (n)	[kamˈbɔdʒa]
Canada (het)	**Kanada** (n)	[ˈkanada]
Chili (het)	**Chile** (n)	[ˈtʃiːlə]
China (het)	**China** (n)	[ˈçiːna]
Colombia (het)	**Kolumbien** (n)	[koˈlʊmbɪən]
Cuba (het)	**Kuba** (n)	[ˈkuːba]
Cyprus (het)	**Zypern** (n)	[ˈtsyːpɐn]
Denemarken (het)	**Dänemark** (n)	[ˈdɛːnəˌmaʁk]
Dominicaanse Republiek (de)	**Dominikanische Republik** (f)	[dominiˌkaːnɪʃə ʀepuˈblik]
Duitsland (het)	**Deutschland** (n)	[ˈdɔɪtʃlant]
Ecuador (het)	**Ecuador** (n)	[ˌekuaˈdoːɐ]
Egypte (het)	**Ägypten** (n)	[ɛˈɡʏptən]
Engeland (het)	**England** (n)	[ˈɛŋlant]
Estland (het)	**Estland** (n)	[ˈɛstlant]
Finland (het)	**Finnland** (n)	[ˈfɪnlant]
Frankrijk (het)	**Frankreich** (n)	[ˈfʀaŋkʀaɪç]
Frans-Polynesië	**Französisch-Polynesien** (n)	[fʀanˈtsøːzɪʃ polyˈneːzɪən]
Georgië (het)	**Georgien** (n)	[ɡeˈɔʁɡɪən]
Ghana (het)	**Ghana** (n)	[ˈɡaːna]
Griekenland (het)	**Griechenland** (n)	[ˈɡʀiːçənˌlant]
Groot-Brittannië (het)	**Großbritannien** (n)	[ɡʀoːsbʀiˈtanɪən]
Haïti (het)	**Haiti** (n)	[haˈiːti]
Hongarije (het)	**Ungarn** (n)	[ˈʊŋɡaʁn]
Ierland (het)	**Irland** (n)	[ˈɪʁlant]
IJsland (het)	**Island** (n)	[ˈiːslant]
India (het)	**Indien** (n)	[ˈɪndɪən]
Indonesië (het)	**Indonesien** (n)	[ɪndoˈneːzɪən]

Irak (het)	Irak (m, n)	[i'ʀɑːk]
Iran (het)	Iran (m, n)	[i'ʀɑːn]
Israël (het)	Israel (n)	['ɪsʀaeːl]
Italië (het)	Italien (n)	[iˈtaːlɪən]

100. Landen. Deel 2

Jamaica (het)	Jamaika (n)	[jaˈmaɪka]
Japan (het)	Japan (n)	[ˈjaːpan]
Jordanië (het)	Jordanien (n)	[jɔʁˈdaːnɪən]
Kazakstan (het)	Kasachstan (n)	[ˈkaːzaχˌstaːn]
Kenia (het)	Kenia (n)	[ˈkeːnia]
Kirgizië (het)	Kirgisien (n)	[ˈkɪʁgiːziən]
Koeweit (het)	Kuwait (n)	[kuˈvaɪt]

Kroatië (het)	Kroatien (n)	[kʀoˈaːtsɪən]
Laos (het)	Laos (n)	[ˈlaːɔs]
Letland (het)	Lettland (n)	[ˈlɛtlant]
Libanon (het)	Libanon (m, n)	[ˈliːbanɔn]
Libië (het)	Libyen (n)	[ˈliːbyən]
Liechtenstein (het)	Liechtenstein (n)	[ˈlɪçtənˌʃtaɪn]
Litouwen (het)	Litauen (n)	[ˈlɪtaʊən]

Luxemburg (het)	Luxemburg (n)	[ˈlʊksəmˌbʊʁk]
Macedonië (het)	Makedonien (n)	[makəˈdoːnɪən]
Madagaskar (het)	Madagaskar (n)	[ˌmadaˈgaskaʁ]
Maleisië (het)	Malaysia (n)	[maˈlaɪzɪa]
Malta (het)	Malta (n)	[ˈmalta]
Marokko (het)	Marokko (n)	[ˌmaˈʀɔko]
Mexico (het)	Mexiko (n)	[ˈmɛksikoː]

Moldavië (het)	Moldawien (n)	[mɔlˈdaːvɪən]
Monaco (het)	Monaco (n)	[moˈnako]
Mongolië (het)	Mongolei (f)	[ˌmɔŋgoˈlaɪ]
Montenegro (het)	Montenegro (n)	[monteˈneːgʀo]
Myanmar (het)	Myanmar (n)	[ˈmɪanmaːʁ]
Namibië (het)	Namibia (n)	[naˈmiːbia]
Nederland (het)	Niederlande (f)	[ˈniːdɐˌlandə]

Nepal (het)	Nepal (n)	[ˈneːpal]
Nieuw-Zeeland (het)	Neuseeland (n)	[nɔɪˈzeːlant]
Noord-Korea (het)	Nordkorea (n)	[ˈnɔʁtˑkoˈʀeːa]
Noorwegen (het)	Norwegen (n)	[ˈnɔʁˌveːgən]
Oekraïne (het)	Ukraine (f)	[ˌukʀaˈiːnə]
Oezbekistan (het)	Usbekistan (n)	[ʊsˈbeːkɪstaːn]
Oostenrijk (het)	Österreich (n)	[ˈøːstəʀaɪç]

101. Landen. Deel 3

Pakistan (het)	Pakistan (n)	[ˈpaːkɪstaːn]
Palestijnse autonomie (de)	Palästina (n)	[palɛsˈtiːna]
Panama (het)	Panama (n)	[ˈpanamaː]

Paraguay (het)	Paraguay (n)	[ˈpaːRagvaɪ]
Peru (het)	Peru (n)	[peˈRuː]
Polen (het)	Polen (n)	[ˈpoːlən]
Portugal (het)	Portugal (n)	[ˈpɔʁtugal]
Roemenië (het)	Rumänien (n)	[Ruˈmɛːnɪən]
Rusland (het)	Russland (n)	[ˈRʊslant]
Saoedi-Arabië (het)	Saudi-Arabien (n)	[ˌzaʊdiʔaˈRaːbɪən]
Schotland (het)	Schottland (n)	[ˈʃɔtlant]
Senegal (het)	Senegal (m)	[ˈzeːnegal]
Servië (het)	Serbien (n)	[ˈzɛʁbɪən]
Slovenië (het)	Slowenien (n)	[sloˈveːnɪən]
Slowakije (het)	Slowakei (f)	[slovaˈkaɪ]
Spanje (het)	Spanien (n)	[ˈʃpaːnɪən]
Suriname (het)	Suriname (n)	[syRiˈnaːmə]
Syrië (het)	Syrien (n)	[ˈzyːRɪən]
Tadzjikistan (het)	Tadschikistan (n)	[taˈdʒiːkɪstaːn]
Taiwan (het)	Taiwan (n)	[taɪˈvaːn]
Tanzania (het)	Tansania (n)	[tanˈzaːnɪa]
Tasmanië (het)	Tasmanien (n)	[tasˈmaːnɪən]
Thailand (het)	Thailand (n)	[ˈtaɪlant]
Tsjechië (het)	Tschechien (n)	[ˈtʃɛçɪən]
Tunesië (het)	Tunesien (n)	[tuˈneːzɪən]
Turkije (het)	Türkei (f)	[tʏʁˈkaɪ]
Turkmenistan (het)	Turkmenistan (n)	[tʊʁkˈmeːnɪstaːn]
Uruguay (het)	Uruguay (n)	[ˈuːRugvaɪ]
Vaticaanstad (de)	Vatikan (m)	[vatiˈkaːn]
Venezuela (het)	Venezuela (n)	[ˌveneˈtsueːla]
Verenigde Arabische Emiraten	Vereinigten Arabischen Emirate (pl)	[fɛɐˈʔaɪnɪgən aˈRaːbɪʃən emiˈRaːtə]
Verenigde Staten van Amerika	Die Vereinigten Staaten	[di fɛɐˈʔaɪnɪçtən ˈʃtaːtən]
Vietnam (het)	Vietnam (n)	[vɪɛtˈnam]
Wit-Rusland (het)	Weißrussland (n)	[ˈvaɪsˌRʊslant]
Zanzibar (het)	Sansibar (n)	[ˈzanzibaːɐ]
Zuid-Afrika (het)	Republik Südafrika (f)	[Repuˈbliːk zyːtˌʔaːfRika]
Zuid-Korea (het)	Südkorea (n)	[ˈzyːtkoˈReːa]
Zweden (het)	Schweden (n)	[ˈʃveːdən]
Zwitserland (het)	Schweiz (f)	[ʃvaɪts]

www.ingramcontent.com/pod-product-compliance
Lightning Source LLC
Chambersburg PA
CBHW071501070426
42452CB00041B/2087